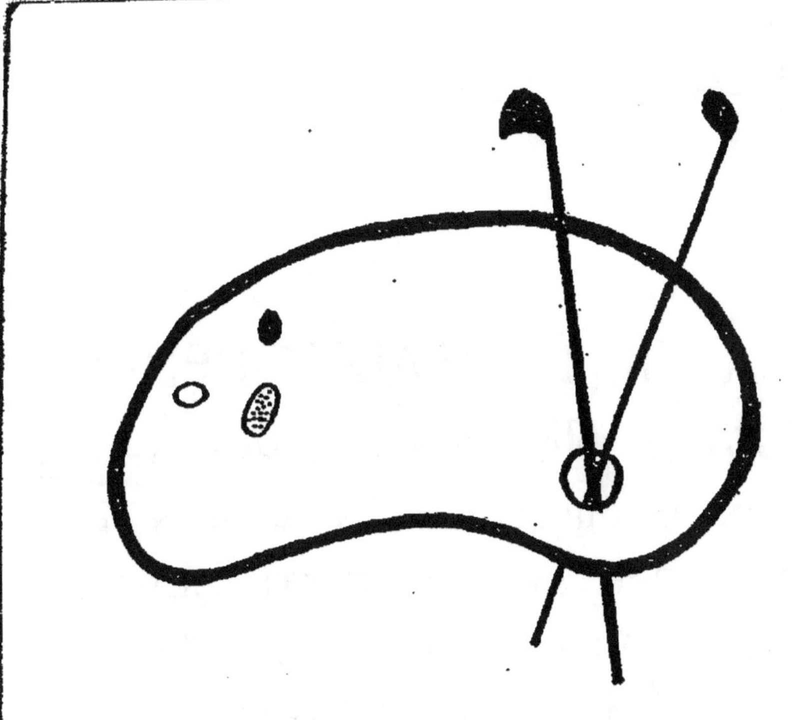

ORIGINAL EN COULEUR
NF Z 43-120-8

LA VIE DES SAINTS

CHEFS - D'ŒVVRE
DE LITTÉRATVRE
HAGIOGRAPHIQVE

LA VIE DE SAINT BENOIT D'ANIANE,

PAR SAINT ARDON, SON DISCIPLE ※ ※ ※ ※ ※ ※

TRADVITE SVR LE TEXTE MÊME DV CARTVLAIRE D'ANIANE ※ ※ ※ ※

※ ※ ※ ※ ※ PAR FERNAND BAVMES

SCIENCE ET RELIGION
※ ÉTVDES POVR LE
TEMPS PRÉSENT ※ 562
※ ※ BLOVD & Cⁱᵉ A
PARIS ※ ※ ※ ※

✦ ✦ ✦ ✦ LA VIE DE SAINT BENOIT D'ANIANE, ✦ ✦ ✦

✦ PAR SAINT ARDON, SON DISCIPLE

✦ ✦ ✦ ✦ TRADUITE SUR LE TEXTE MÊME DU CARTULAIRE D'ANIANE, PAR FERNAND BAUMES ✦ ✦ ✦ ✦ ✦

✦ LIBRAIRIE BLOUD & Cⁱᵉ
7, PLACE St-SULPICE, PARIS
REPRODUCTION ET TRA-
DUCTION INTERDITES ✦

OUVRAGES DU MÊME AUTEUR

AU GRÉ DE L'HEURE, *sonnets et poèmes*, un joli
volume in-12 .... 1 fr. 50

LA FAUTE D'ÈVE, saynète en un acte et en vers.   0 fr. 50

LES ÉTATS-UNIS DE FRANCE, brochure de propa-
gande décentralisatrice........................... 0 fr. 30

**NOTES BIBLIOGRAPHIQUES SUR LES PARO-
LES D'UN CROYANT**, *épuisé.*

En préparation :

EN MARCHANT VERS L'AURORE, *sonnets et poèmes.*

LA TERRE QUI TUE, *roman rural.*

TABLES topologiques et patronymiques du cartulaire de
Gellone, publiées sous le patronage de la Société archéo-
logique de Montpellier.

LETTRES DE 1793. *Moyens d'information d'une
Société populaire.*

VIE DE SAINT BENOIT D'ANIANE
Par **ARDON**, son disciple.

INTRODUCTION

I

LA figure de saint Benoît d'Aniane est sans contredit l'une de celles qui se détachent avec le plus de relief parmi celles de l'Eglise carolingienne. En ces temps d'épopée, ou plutôt dont l'épopée s'est emparée pour faire de l'empereur, de ses pairs, de ses ennemis, comme autant de quasi demi-dieux, de surhommes, non il est vrai à la mesure de ceux de Niestche, mais d'une grandeur morale et humaine peu commune, recomposer ce que fut la vie exacte d'un homme pris à part, délimiter l'étendue de son influence réelle, serait une tâche presque impossible si l'on n'avait que les récits naïfs et légendaires des XIIe et XIIIe siècles. Heureusement l'Histoire a conservé quelques documents trop peu nombreux et combien, hélas ! écrits du vivant même des personnages dont elle veut connaître la caractéristique d'action et de pensée. Et pour si rares qu'ils soient, ces documents lui sont d'un inestimable secours dans sa lutte contre la Légende.

Si la vie de saint Guilhem de Gellone a été totalement enluminée par les chansons de geste, tant et si bien que Guillaume au Court Nez est loin de donner une idée du moine des gorges de l'Hérault, la vie de saint Benoît a pour nous l'immense avantage d'avoir été écrite quelques années après la mort du second réformateur des moines d'Occident et cela non par l'imagination populaire, mais par un de ses disciples et par un saint, saint Ardon.

De cette façon est immortellement figée, comme dans une médaille d'airain, la véritable et authentique physionomie de ce saint qui compta pour amis Charlemagne et surtout Louis le Pieux, qui se fit l'apôtre d'une mission toute de paix et de charité par la formation ou la réforme de multiples monastères. Et certes, cette vie mérite d'être connue et étudiée ; elle est éminemment représentative de l'époque, jette un jour tout à fait lumineux sur l'organisation monastique d'alors, en même temps qu'elle fixe ou fortifie certaines données de la science sociologique ou de l'archéologie sacrée et de la liturgie.

L'influence de Benoît fut immense et cependant elle est presque totalement méconnue ; peu d'historiens lui rendent la justice qui lui est due ; les critiques de la nouvelle école historique n'ont pas songé à donner à son œuvre l'attention qu'ils accordent à de moins importantes parfois. Ce qu'il faudrait étudier, et en détail, en Benoît, c'est d'abord l'homme en tant que saint religieux et ensuite le Père des moines ; par conséquent la sainteté qu'il porte et développe en lui et les moyens qu'il met en œuvre pour la répandre et développer à l'extérieur. L'écrivain — bien que Benoît n'ait jamais écrit pour écrire, on n'y songeait même pas alors — mériterait aussi qu'on fît une sérieuse étude de ses qualités dialectiques et didactiques. Les ouvrages de Benoît sont, il est vrai, de lecture peu attrayante, le sujet n'en peut plaire qu'à de rares esprits ; il est cependant certain qu'ils donneraient à qui voudraient en faire ne serait-ce qu'une lecture quelque peu sérieuse, une compréhension plus grande de l'âme carolingienne, c'est-à-dire des sentiments, de la façon de voir, de juger, de vivre en un mot des contemporains de Charlemagne et de ses successeurs. Et le polémiste encore n'est pas à délaisser en Benoît, qui, pour être moins en faveur qu'Agobard de Lyon que certains surnomment : « le premier publiciste moderne », se fit remarquer avantageusement par ses écrits contre l'hérésie de Félix d'Urgel et Elipand de Tolède. Ses diverses œuvres sont contenues dans la *Patrologie latine* de Migne, tome CIII.

Quant à l'auteur de la *Vie de Saint Benoît*, il est bien juste d'en dire ici quelques mots, très concis, il est vrai, puisqu'on ne sait à peu près rien sur son compte. Ce qui est sûr, c'est qu'il fut un des premiers disciples de Benoît, qu'il le connut assez à Aniane, voyagea suffisamment avec lui pour en tracer un fidèle portrait. Son nom primitif était Smaragde, que suivant l'usage d'alors il échangea contre celui de Ardon, tout comme Winfried devint Boniface ; Ratbert, Paschase, et Witiza, Benoît.

Il fut avec Ernold le Noir, qui devait célébrer en vers Louis le Pieux, et un moine anonyme auteur d'une *Chronique*, le principal représentant de l'école fondée à Aniane et peut déjà à lui seul donner quelque idée de la culture intellectuelle qui s'y donnait. Il fut même pendant un certain temps le directeur de cette école. Quelques auteurs lui donnent le titre d'abbé, mais il n'est nullement prouvé qu'il le fut jamais ; aucun document, à notre connaissance, ne le mentionne en cette qualité. Il mourut, pense-t-on, en 843, au mois de mars. Jusqu'en 1855, le diocèse de Montpellier célébrait sa fête : mais lors de la réforme du propre de ce diocèse il fut bizarrement oublié.

Son œuvre porte bien la note caractéristique des œuvres du temps. M. Kleinclausz, dans un chapitre sur la civilisation carolingienne (1), dit que : « les ouvrages historiques se distinguent de ceux de l'époque antérieure par l'abondance de développements et la supériorité de la forme... Si l'on y rencontre encore le style ordinaire des légendes, le fond est plus solide, le latin plus soigné. » Ce jugement est en tous points confirmé par la *Vie* que nous allons traduire. Sur son authenticité, aucun doute ne s'est d'ailleurs élevé,

(1) *Histoire de France*, sous la direction de E. Lavisse. HACHETTE, 1903, t. II, p. 346.

et le texte que nous avons sous les yeux est celui du Cartulaire même d'Aniane, manuscrit des XIIe et XIIIe siècles.

Ainsi qu'il le dit lui-même, Ardon composa son récit à la prière des moines du monastère d'Inda, et cela sans doute vers 825, bien que la date ne puisse être fixée qu'approximativement. Le plan qu'il suit est très simple, la méthode qu'il emploie est excellente ; c'est presque toujours l'ordre chronologique, aussi bien dit-il vouloir s'enfermer dans les limites d'annales. Au fur et à mesure que l'occasion s'en présente, il parle des vertus de son héros, sans jamais s'y étendre outre mesure, sans vouloir non plus les lui prêter toutes indistinctement. On sent qu'il est sincère, qu'il est moins hagiographe que biographe et n'entend pas tourner au panégyriste.

Quand il parle des faits miraculeux, il prend soin de dire ou qu'il les a vus, ou de qui il en tient la narration ; et c'est presque toujours d'après des témoins ou des acteurs directs qu'il parle. S'il n'est pas autrement sûr de ce qu'il avance il dit : « d'après ce qu'on raconte... il paraît... » Ici encore, pas de recherche du merveilleux, pas de miracles volés au saint de la paroisse voisine ou inventés pour la plus grande gloire du sien propre et l'édification béate des simples. Le sens critique d'Ardon est suffisamment développé, son admiration n'est pas aveugle, elle procède d'une conviction raisonnée et d'une foi vivante.

Sa connaissance des Ecritures est relativement étendue, il en fait plusieurs citations, jamais cependant ne vise à faire montre d'érudition. Sa narration est dans le style des légendes, il est vrai, mais non totalement convenu, on sent la vie s'agiter sous les mots, sous les formules archaïques et consacrées. Il a vécu ce qu'il raconte, il s'y intéresse. En un mot et pour bien des raisons, son œuvre est digne de figurer à côté de celle d'Alcuin, d'Eginard, comme aussi de Sulpice Sévère dont il paraît se souvenir en maints endroits. Pour la traduction qui va suivre, j'ai voulu autant que possible faire abstraction de moi-même, donner une traduction impersonnelle, pour ainsi dire, afin qu'on se figurât lire un original plus qu'une copie.

N'ayant rien d'un Jacques de Voragine, je n'ai pas prétendu écrire un chapitre d'une nouvelle légende dorée ; je n'ai pas eu non plus dessein d'archaïser mon style par l'emploi de mots désuets, de tournures abolies : je me suis contenté de calquer la phrase française sur la phrase latine. Il en résulte, je le sais, une certaine lourdeur provenant des incidents multiples, des participes, des ablatifs absolus. Que m'importe si j'ai plus nettement rendu la physionomie du texte primitif. Je ne me pique pas de faire de l'écriture artiste, aussi bien serais-je mal venu à l'essayer. Je sais pertinemment qu'il m'eût été souvent facile, par une inversion ou tout autre moyen, de donner à ma narration un ton plus vif, plus personnel. Je ne l'ai pas voulu, car, encore une fois, je n'écris pas une vie de saint Benoît, j'en traduis une qui date du premier quart du ixᵉ siècle. Encore faut-il qu'il y ait une différence !

La préface d'Ardon, qu'on va lire, contient elle-même certains passages que je pourrais faire miens. On les remarquera à la lecture sans manquer de m'en faire l'application. Ce sera du reste une raison de plus pour m'être indulgent.

Fernand Baumes.

Gignac, 2 décembre 1909.

PRÉFACE D'ARDON

Aux maîtres justement vénérables, les pères et frères qui au monastère d'Inda servent le Dieu Jhesu, Ardon, serviteur des serviteurs du Christ, dit salut. Déjà, frères très chers, m'ont été remises vos lettres, pleines de l'amour et du pieux souvenir de notre père Benoît, abbé, et contenant brièvement mais aimablement le récit de sa mort et de son départ vers le Christ et où vous avez daigné conseiller ma petitesse, afin que j'écrive plus abondamment pour ceux qui désirent l'entendre, le commencement de sa vie religieuse. Mais jusqu'ici, voyant que cette tâche excédait mes forces, j'ai différé de l'entreprendre.

Aussi bien, ceux qui avec un art avisé écrivent la vie vénérable par leurs mérites de ceux qui les ont précédés, doivent-ils faire attention de n'omettre par négligence rien d'utile, de n'ajouter par complaisance rien de superflu ; mais il faut que ce qu'ils écrivent au courant de la plume soit choisi avec un soin extrême et de plus fortifié par le dire de témoins certains. Il faut encore qu'ils n'aillent pas torturer leurs lecteurs par leur rusticité pleine de fautes, mais que leur langage soit assaisonné du sel de l'urbanité, que leurs paroles polies, pour ainsi dire, chatouillent agréablement l'oreille des contradicteurs. Quant à moi, conscient de mon inhabileté, bien que je dusse exécuter vos ordres j'ai longtemps gardé le silence... et j'ai attendu pour être mieux informé par ceux qui étaient plus au courant.

Il me semblait que ce serait un crime d'écrire la vie d'un tel patron dans un style inhabile, de prendre ainsi pour moi une tâche plutôt réservée à de plus doctes,

à ceux, par exemple qui peuvent, tant est grande
l'abondance de leurs expressions, exposer avec éclat
tout ce qu'ils veulent et parmi les écueils, sans crainte
aucune, conduire la barque et éviter de commettre de
honteux solécismes ; doués d'une éloquence expan-
sive, ils peuvent parler d'abondance et imposer silence
aux critiques.

J'avais peur que ces derniers, voulant corriger les
fautes de ma composition et vivement indisposés par
une mauvaise contexture n'en vinssent à juger tout
cela négligeable ; d'autant plus que je savais que vous
êtes aux portes sacrées du palais et que vous ne vous
désaltérez point à des ruisseaux bourbeux, mais qu'au
contraire vous puisez avec soin à la source très pure
et intarissable de la sagesse. Cette considération m'a
fait adopter les limites d'annales.

Entre temps, mon zèle inerte a été vivement secoué
par les très mordantes paroles des frères, qu'il avait
lui-même enfantés au Christ ; ils m'excitaient pour que
je leur ressuscitasse les faits de sa vie religieuse ; il
n'est, en effet, dirait-on, éloigné d'eux que par la seule
absence de son corps, non par la plénitude de l'amour.

Voici enfin quelques explications sur mon ouvrage.
Ce qui m'a donné l'audace et le courage de l'entreprendre, ce fut de le faire en ce monastère même qui
est regardé comme ayant été construit par lui dès le
début et parmi ces frères qui connurent les commence-
ments de sa vie religieuse. Ce qui, en effet, put à peine
être entendu par d'autres, pouvait à peine au contraire
ne pas être vu par ceux-ci.

Nous expliquerons donc plus au long dans notre
travail ce que nous avons recueilli, réunissant tout
cela comme en une pépinière, pour le répandre plus
au loin, et nous demandons humblement, que si quelqu'un trouve à redire à cet ouvrage, il l'abandonne
ou le corrige. Dans le premier cas, qu'il laisse lire ceux
qui le veulent et qu'il se mette lui-même à lire la vie
des Pères précédents et qu'ils se réjouissent si Benoît,

marchant selon ses forces, ne s'est pas éloigné de la route qu'ils suivirent. Dans le second cas, que sa réfutation ne soit pas l'effet d'un jugement téméraire, mais qu'il se rende favorable le juge le plus impartial en intervenant charitablement.

Parce que j'ai mis vos ordres à exécution, ô frères très saints, je vous demande de m'aider auprès de Dieu par vos prières, pour qu'à vous qui priez, ainsi qu'à moi, soit accordé le pardon de nos péchés et que cet ouvrage serve à l'avancement de ceux qui viendront après nous. Et de nouveau, très humblement, je vous conjure de relire cette vie avec la plus grande attention et de corriger en le retranchant ce que vous pourriez y avoir trouvé de mal composé. S'il vous paraît utile de conserver ces choses dans le fond de votre cœur, gardez-les. Et si en rompant notre silence sur vos ordres, nous vous avons plus affligé que servi, n'imputez qu'à vous-même si nous avons parlé, parce que vous nous avez commandé de ne point nous taire.

Et comme l'abbé Helysacar, ainsi qu'en fait foi une lettre à nous adressée et qui nous est plus précieuse que l'or, demeura attaché à Benoît par les liens de la plus tendre affection jusqu'à son départ de ce siècle, après en avoir pris connaissance, présentez-lui particulièrement ce livre. Qu'il en soit comme il jugera bon, je demande pardon des erreurs que j'aurais pu commettre. Mais si on le trouve utile, que ceux qui librement obéirent à l'abbé durant sa vie, s'efforcent d'imiter la vie de l'absent.

Je crois que nul ne doute, s'il est instruit, que c'est par une très ancienne coutume, jusqu'ici mise en usage par les rois, qu'on livre dans des annales à la connaissance de la postérité ce qui a été accompli ou est arrivé. Et comme l'esprit distrait par diverses affaires est aveuglé par l'oubli, nous croyons que ce fut sur un avis d'en haut qu'afin d'arracher à l'oubli ce que le cours du temps pourrait détruire, on en confia la conservation aux écrits dont la lecture récrée, réjouit ceux qui l'entreprennent ainsi qu'elle les fait se tourner tout entiers vers l'indulgence ; aussi ne jugent-ils pas témérairement l'auteur de l'écrit, même s'il arrive qu'il n'ait pas fait grand bruit par ses paroles polies et qu'il faille quelque peu peiner pour connaître ce qu'il dit.

Qu'on nous accorde donc la permission de lire la vie des Pères qui nous ont précédés et de conserver pour la postérité ce que de nos jours nous avons vu et entendu, afin de travailler à l'avancement des âmes ; et qu'on ne condamne pas notre langage novice, plein des fautes de la rusticité; parce que nous avons suivi un exemple salutaire, quoique nous servant de termes impropres et mettant le plus bel étendard au bout de perches plus qu'ordinaires.

Que chacun prenne en tout ceci ce qu'il y trouvera devoir plaire le plus à son esprit.

I

Premières années de Benoît ; au service de Pépin et de Charlemagne.

Donc le vénérable abbé, Benoît de nom et de fait, était de la tribu des Gètes ; il naquit dans une contrée de la Gothie de parents illustres, mais la divine piété le rendit encore plus illustre par le merveilleux éclat de ses vertus. Son père fut, tant qu'il vécut, comte de Maguelonne et demeura toujours très fidèlement attaché à la nation des Francs ; brave et intelligent, il était grandement redouté des ennemis. Il infligea en effet une grande défaite aux Wascons, qui, pour les dévaster, avaient envahi les frontières du royaume des Francs ; de leur armée pas un seul n'échappa, hormis celui qu'une honteuse fuite préserva.

Il envoya son fils encore jeune au palais du glorieux roi Pépin, où il le livra à la reine pour qu'il fût élevé parmi les enfants des nobles. Là, les aimables qualités de Benoît le firent chérir de ses compagnons. Il était en effet empressé et se rendait utile en tout. Aussi dans la suite obtint-il l'office d'échanson. Il servit du temps du roi Pépin et après la mort de celui-ci, lorsque Charles, le très glorieux roi eut pris le gouvernail du royaume, il s'attacha à son service.

Pendant ce temps, éclairé par la divine grâce, il se prit à brûler de l'amour d'en haut, à faire tous ses efforts pour quitter le siècle, à voir avec dégoût les honneurs périssables, auxquels, avec de la ténacité, il comprenait qu'il pourrait atteindre, mais pour les perdre aussitôt après. Pendant trois ans, ce dessein remplit son cœur, il n'en confia le secret qu'à Dieu seul ; ni de corps, ni d'esprit ne prenant aucune part aux actions du siècle. Il s'essayait pendant ces années-là, pour voir s'il pourrait jamais parvenir au plus haut point de la continence, dérobant son corps au sommeil, réprimant sa langue, s'abstenant de nourriture, buvant peu de vin, et comme un habile athlète se préparant au futur combat. Il préludait, bien que demeurant encore dans l'habit séculier, à l'état que plus tard dévotement il remplit.

Cependant quoique aux actions du siècle il voulût se soustraire, il était indécis sur la manière dont il le ferait. Prendrait-il l'habit de pèlerin, ou bien se donnerait-il à quelqu'un pour garder gratuitement les brebis et les troupeaux de bœufs des autres ; ou bien encore, dans une ville, exercerait-il le métier de cordonnier, pour ce qu'il pourrait avoir le donner aux pauvres ? Au milieu de telles incertitudes, il tourna son esprit hésitant vers l'amour de la vie régulière.

Aussi l'année même où l'Italie fut soumise au glorieux roi Charles, comme son frère imprudemment

voulait traverser un fleuve et par les flots irrités était
emporté, Benoît, qui était à cheval sur la rive, à la
vue du danger couru par son frère, se précipita dans
les flots pour sauver celui qui allait périr, et, le cheval
nageant, il atteignit la main de son frère. Quand il le
tint, il fut retenu et c'est avec peine que celui qui
voulait sauver un mourant, évita lui-même le péril de
la mort. Alors, par un vœu il se lia à Dieu, lui pro-
mettant de ne plus servir désormais dans le siècle ; il
gagna sa patrie, mais de cela, point ne s'ouvrit à son
père.

II

Séjour de Benoît au monastère
de Saint-Seine.

Or il y avait un religieux nommé Widmar,
privé de la lumière corporelle, mais resplen-
dissant de la lumière du cœur, auquel il fit part de son
vouloir. Ce religieux garda le secret et lui donna un
conseil salutaire. Ayant tout préparé, il se mit en route
comme pour aller à Aix, mais dès qu'il fut entré dans
la maison de Saint-Seine, il ordonna aux siens de
revenir dans leur patrie, en leur faisant part qu'il
voulait en cette même maison servir le Christ Dieu. Il
demanda l'autorisation d'être reçu, et, l'ayant obtenue,
il fit couper sa chevelure et prit l'habit d'un vrai religieux.

Devenu moine, avec une incroyable vigueur, pendant deux ans et six mois, il se mit à affliger son corps.
Ainsi, à sa chair, comme s'il eût eu pour adversaire
une bête féroce, il ne donnait que très peu de nourriture ; de pain et d'eau soutenant son corps, éloignant
plus la mort que la faim et évitant le vin comme un

poison empesté. Quand ses forces à bout le forçaient à dormir, sur une couche misérable, il se reposait quelques instants, parfois sur la terre nue, et de son repos même il retirait une nouvelle fatigue. Souvent aussi, il passait la nuit en prière, agenouillé, les pieds nus, sur le pavé glacé, et dans ses divines méditations il se mettait tellement tout entier, que durant plusieurs jours, hormis pour la récitation des psaumes sacrés, il lui arrivait de ne pas rompre la loi du silence. Quand tous dormaient, il prenait les chaussures des autres moines, les nettoyait de la boue, les oignait et les remettait propres aux places convenables. Hélas ! ô douleur ! quelques-uns le regardaient comme un insensé, lui jetaient de loin leurs chaussures, mais Benoît supportait tranquillement leur méprisante folie.

Dans ses vêtements, il se résignait à une telle pauvreté, qu'il est presque impossible de le faire comprendre à ceux qui ne l'ont point vu. Il avait une tunique grossière et très vieille qu'il ne changeait qu'après l'avoir portée très longtemps. Aussi une multitude de poux, sur cette peau rugueuse, surgissait-elle et ces membres déjà exténués par les jeûnes lui servaient de pâture. Ses cucules étaient extrêmement usées par l'âge et quand les fils trop vieux se rompaient il rapiéçait le pan endommagé, en bouchant le trou béant avec des morceaux de couleurs différentes, ce qui le rendait assez informe. Aussi pour cela était-il par plusieurs moqué, bousculé, conspué ; mais l'esprit fixé au ciel, désireux de plus viles besognes, tandis qu'aux jours de fêtes les autres s'arrangeaient dans des vêtements mieux tenus, lui, sans aucun respect humain, devant les yeux de tous, agissait comme à son ordinaire. Dans le même temps, il n'accorda jamais à son corps l'usage des bains, mais chaque fois que l'occasion s'en présentait, il exerçait les plus répugnantes corvées du monastère.

La grâce de la componction, par le secours divin, lui avait été donnée si grande qu'il pleurait chaque fois qu'il voulait. Chaque jour dans les larmes, chaque jour dans les gémissements, par crainte, il prenait sa nourriture, chantant avec amour ce verset de David : *Je mangeais mon pain comme la cendre et je mêlais mon breuvage à mes larmes.* (Ps. CI, 10.) Ses joues étaient pâlies par les jeûnes, sa chair desséchée de maigreur ; sa peau adhérait à ses os et pendait comme une peau de bœuf rugueuse.

De cette manière, il mortifiait plus son corps si je puis dire, que s'il avait eu à apprivoiser un animal indompté ; et quand l'abbé le pressait d'être moins sévère envers lui, il ne lui donnait nullement satisfaction. La règle même de saint Benoît lui paraissait être faite pour les commençants ou les faibles ; il s'efforçait de pratiquer la règle dite de saint Basile et celle de saint Pacôme, et bien qu'il fît tout ce qu'il pouvait il rêvait encore l'impossible.

Il se répandait en gémissements de pénitence parce que peu ou point de moines pouvaient l'imiter, mais comme avec l'aide de la divine grâce il devait être pour beaucoup un instrument de salut, il brûla d'ardent amour pour la dite règle de saint Benoît, et nouvel athlète, pour un combat singulier, il descendit dans l'arène lutter publiquement. Entre temps, il se mit à réformer les mœurs des autres moines, à presser les négligents, à exhorter les novices, à encourager les bons pour qu'ils fassent de nouveaux progrès, à gourmander les mauvais pour qu'ils se corrigent.

On lui confia alors la charge de cellerier qu'il remplit selon la règle du dit Père ; d'après son précepte, il s'y donna tout entier, s'appliquant à faire droit sans retard aux demandes licites, rejetant les demandes indues, s'excusant poliment quand il ne pouvait donner ce qu'on désirait. Et comme il ne leur fournissait pas du vin à volonté, plusieurs le regardaient de travers. Des hôtes, des enfants, des pauvres, il prenait un soin diligent. C'est pourquoi l'abbé le chérissait grandement, parce qu'il était utile en tout, de vie prudente, soucieux du salut des autres, tout entier à son office, avare de paroles, prompt à obéir, affable dans ses conseils. La divine bonté lui avait accordé avec bien d'autres vertus, le don d'intelligence et une abondante éloquence spirituelle.

III

Les débuts du monastère d'Aniane.

Au bout de cinq ans huit mois passés dans les affaires du salut, l'abbé du dit monastère quitta ce monde. Alors tous d'un esprit unanime furent d'accord de mettre Benoît à leur tête. Mais lui voyant qu'il ne pouvait convenir à leurs habitudes, ni eux aux siennes, se hâta de porter ses pas vers le sol paternel et là dans la possession de son père et la sienne, sur le petit ruisseau qui s'appelle Aniane, avec le religieux Widmar déjà nommé, et quelques autres, il se bâtit, auprès de la petite église de Saint-Saturnin, une étroite cellule pour y habiter. En ce lieu, il vécut quelques années, dans une grande pauvreté ; nuits et jours avec gémissements et larmes il implorait la clémence divine de donner à son désir un effet plus efficace. Il y avait en même temps dans cette province des hommes éminents par leur grande sainteté, à savoir Atilio et Nibridius et aussi Anianus, vivant religieusement, mais ignorant l'observance d'une règle. Ayant trouvé Benoît, ils l'estimèrent grandement, aussi lorsque Benoît voulait surmonter quelque difficulté, vite, il s'asseyait sur un petit âne et allait trouver Attilio, qui était le plus proche.

Dans les premiers temps, plusieurs bouillant de zèle, quittaient le siècle, et essayaient de vivre avec lui en religieux, mais découragés, effrayés par ce nouveau genre de vie et dans l'obligation de prendre une voie inusitée d'abstinence, d'avoir le pain pesé, le vin mesuré, retiraient vite le pied posé dans le chemin du salut, et revenaient comme les pourceaux à leurs ordures ou comme les chiens à leurs vomissements. Et l'homme de Dieu, à la vue de leur foi peu solide, fut troublé et voulut revenir à sa propre cellule. C'est pourquoi, afin d'en prendre conseil, il se rendit auprès du religieux déjà nommé, mais celui-ci, quand Benoît lui eut exprimé son dessein, le désapprouva en disant qu'il lui avait été montré d'en haut que lui, Benoît, était une lumière donnée aux hommes. Aussi il lui fallait conduire jusqu'au bout cette entreprise excellente ; son découragement n'était qu'une ruse de l'antique ennemi qui, toujours jaloux des hommes de bien, s'oppose à leurs actions et à qui il ne faut jamais donner consentement.

Ainsi réconforté par ces conseils, Benoît reprit la tâche qu'il désirait si ardemment parfaire et ne bâtissant point sur les fondements d'autrui, il se mit à élever des constructions sur un plan nouveau et s'efforça de frayer une route de salut inconnue.

Le vénérable Benoît donc, avec quelques frères qui, ayant connu son intention, s'étaient joints à lui, fit fleurir dans le lieu susdit la vie religieuse. Voulant ouvrir à ceux qui désiraient gagner le ciel une route gratuite, il se mit à travailler de ses propres mains et de peur qu'après avoir prêché aux autres, il ne fût lui-même réprouvé, il avait soin de suivre le premier les conseils qu'il donnait. La pénurie où ils étaient ne l'épouvantait pas et ne lui fit point abandonner l'œuvre commencée, mais, comme dit l'Apôtre, exposé à la faim, à la soif, au froid, à la nudité (II *Cor.*, XI, 27), il exhortait ses disciples à persévérer, le cœur ferme, leur rappelant que la voie qui mène à la vie est étroite et ardue et que les souffrances ne sont en rien comparables à la gloire future qui doit être révélée aux saints. Fortifiés par ces enseignements, ils souhaitaient de plus grandes épreuves.

Ils n'avaient alors aucune propriété, ni vignes, ni troupeaux, ni chevaux ; ils avaient pourtant un petit âne qui, lorsqu'on devait aller quelque part soulageait alternativement la fatigue des frères. Aux dimanches seulement et aux jours de fête, ils buvaient du vin. Quelquefois leur faim était apaisée par du lait apporté par des femmes voisines ; car les privations faisaient dépérir leur corps uniquement nourri de pain et d'eau. Aussi, pour chasser le froid prompt à les saisir, ils usaient de couvertures, quand ils assistaient aux veilles divines. Ils étaient, il est vrai, pauvres des biens matériels, mais fort riches en mérites, et plus ils appauvrissaient leur corps, plus ils enrichissaient leur âme de vertus. Ils brûlaient de l'amour céleste et les larmes seules, dans leurs angoisses, étaient leur consolation. Mais à la vue de cette invincible union fraternelle, l'antique ennemi s'efforça de la détruire par ses artifices.

Ils avaient tout près un moulin pour moudre les grains qu'ils pouvaient avoir. Animé de mauvaises intentions, une nuit il leur arriva un étranger, qu'après avoir autant qu'ils purent refait, ils firent coucher dans l'écurie de l'âne. Mais leur hôte demeura méchamment éveillé et, tandis qu'ils dormaient tous, se leva, prit avec lui la couverture où il s'était étendu, le seau dont il avait jeté l'eau, sans oublier les ferrures du moulin, et s'en alla, rendant le mal pour le bien. Le lendemain matin, les disciples racontent au maître le dommage qu'ils ont découvert ; il leur conseilla de supporter de bonne grâce les préjudices causés, de regarder le lucre comme condamnable, et il fit observer qu'il fallait plutôt plaindre celui qui pour acquérir des richesses avait perdu la foi.

Petit à petit s'augmentait le nombre des disciples, la renommée de leur vie pieuse se répandait peu à peu, volant sur les lèvres des habitants et même commençait à parvenir dans des contrées plus éloignées. Et comme le vallon où il s'était primitivement établi était trop resserré, à une petite distance de ce lieu, il se mit à construire un nouveau monastère. Et pendant que les frères travaillaient, lui aussi parfois les aidait et parfois même faisait cuire leur repas, et tout en faisant la cuisine il s'appliquait à écrire un ouvrage. Souvent, par suite du manque de bœufs, il portait avec ses disciples des troncs d'arbres sur ses épaules. Or une construction était dans ce lieu où ils s'efforçaient de construire un monastère, il la fit agrandir et la consacra en l'honneur de la sainte Mère de Dieu, Marie.

Les disciples accourant de toutes parts et demandant à l'envi de se soumettre à son magistère, la construction du monastère fut rapidement achevée, et ses possessions matérielles rapidement augmentées, parce que chacun donnait ce qu'il pouvait avoir. Benoît n'avait pas voulu qu'on ornât les murs, qu'on employât des tuiles rouges, qu'on peignît des lambris, mais qu'on couvrît de chaume et qu'on fît des murs tout à fait ordinaires. Car bien que s'augmentât le nombre des frères il rechercha toujours ce qui était le plus vil et le plus humble.

Ainsi lorsque quelqu'un désirait faire don au monastère d'une partie de ses biens, il y consentait, mais si l'on voulait à ce don ajouter des serfs ou des serves, il s'y refusait et il ne souffrit jamais en ce temps-là que personne fût livré par charte au monastère, mais ordonnait aussitôt qu'on en fît des hommes libres. Pour les vases, où le corps du Christ est réalisé, il ne voulut jamais en avoir en argent ; les premiers qu'il eut furent en bois ensuite en verre, s'il consentit enfin à en avoir en étain il refusa toujours d'user d'ornements de soie et s'il en recevait quelqu'un en don, il le passait aux autres pour leur usage.

Dans la suite, il y eut dans cette région et aux alentours, des hommes religieux construisant des monastères, réunissant des moines, s'excitant à imiter le bienheureux Benoît, et conduits par ses conseils, amputant leur première vie et leurs primitifs errements. Et Benoît fut comme leur père, leur prêtant aide et secours, non seulement dans les affaires spirituelles mais encore dans les corporelles ; il les visitait souvent, les exhortait à ne point abandonner leur entreprise, de peur que, effrayé par les privations, broyé par les craintes, leur esprit ne regardât en arrière. Ainsi, grâce à cet encouragement salutaire, nombreux sont les monastères, et une multitude de moines y demeure ferme.

IV

Epreuves diverses : famine, le Félicianisme.

COMME une très grande famine eut lieu à cette époque, une foule de pauvres, de veuves, d'orphelins accoururent vers lui et se tinrent aux portes du monastère et dans les chemins. Et Benoît les voyant exténués par les privations, bien plus, comme déjà engloutis par la mort elle-même, en fut rempli d'angoisse, parce qu'il ne savait où prendre de quoi nourrir une telle multitude. Mais comme rien ne manque à ceux qui craignent Dieu, il ordonna qu'on mît de côté ce qui pouvait suffire aux frères jusqu'aux récoltes prochaines et le reste, il le fit distribuer chaque jour par des frères désignés à cet effet. Chaque jour on donnait de la viande des bœufs et des moutons, le lait des brebis fournissait aussi une ressource. Plusieurs s'étaient construit des cabanes dans les lieux convenables pour y habiter jusqu'à la moisson prochaine. Les vivres étant épuisés, de nouveau Benoît ordonna de mesurer ce qu'il avait fait mettre de côté pour l'usage des frères, ce qui fut répété par trois fois. Mais dans le cœur des frères il y avait un tel sentiment de pitié, qu'ils auraient volontiers abandonné tout s'il eût été permis de le faire. En effet chacun portait, en cachette, ce qu'il pouvait distraire de sa ration, à ces malheureux que dévoraient les privations et qu'on pût ainsi à grand'peine arracher à la mort. On trouvait parfois un cadavre avec un morceau de pain dans la bouche.

Je ne crois pas devoir passer sous silence qu'alors qu'en ce même temps presque toute la province était envahie par la perverse doctrine Félicienne, Benoît, indemne de toute atteinte empestée de cette erreur perfide, en fut toujours préservé avec l'aide de Dieu ; bien plus il en préserva par son zèle plusieurs et non des moindres, des princes même de l'Eglise. Contre ce dogme néfaste, armé dans les discussions des traits de la vérité, il prit part à de nombreuses assemblées (1).

Il y avait en ce temps-là un nombre déjà considérable de frères animés du fervent désir de la vie perpétuelle. Ils luttaient à qui serait le plus humble, le plus prompt à obéir, le plus ardent pour l'abstinence, le premier dans les veilles, le dernier à parler, le plus méprisable dans son vêtement, le plus brûlant de charité : aussi à plusieurs des révélations étaient-elles faites.

Il y avait en effet un frère qui suivant l'humaine considération, était moins bien partagé que d'autres, et le Père le voyant s'avancer avec négligence, jugea qu'il devait avoir la même rusticité dans son esprit. Et voici que ce moine, conduit en extase, vit réuni un troupeau de colombes ; les unes brillaient d'une blancheur éclatante, d'autres se faisaient distinguer par une merveilleuse variété, d'autres enfin avaient seulement

(1) La part prise par saint Benoît à la lutte contre l'hérésie de Félix d'Urgel et d'Elipand de Tolède est relativement considérable. L'étude de Benoît polémiste, que je ne puis faire ici, serait très intéressante et suggestive. J'y reviendrai ailleurs sans doute. En 794, l'abbé assistait au concile de Francfort où il se lia particulièrement avec Alcuin. Leurs relations furent dès lors intimes. Ils semblèrent même unir leurs efforts contre l'adoptianisme et c'est Benoît notamment qui fit connaître aux moines de Septimanie le premier ouvrage d'Alcuin contre cette hérésie. Dans la suite Charlemagne l'associa à Leidrade et à Nébridius de Narbonne pour préparer la conversion de Félix.

la tête d'une couleur désagréable. Quand il eut
demandé ce qu'était cela, il lui fut dit le nom de chacun de ceux que leur négligence avait rendus noirs,
comme de ceux que leur zèle faisait resplendir. Revenu
à lui, le moine rapporta au Père ce qu'il avait vu et
l'avertit ainsi de ne pas le mépriser. Et Benoît, exami-
nant les actions de chacun, et trouvant que l'esprit des
frères dont le religieux lui avait dit les noms était troublé, leur imposa bénignement une correction salutaire
(dans le texte *malagma castigationis,* un cataplasme !)
et les ramena ainsi à forme congrue.

Mais l'antique ennemi, supportant avec peine
l'unité et l'accroissement du vertueux troupeau, s'efforça de troubler les cœurs, afin que le bon pasteur
s'éloignât lui-même de son propre troupeau. Par ses
artifices, il en fit sortir plusieurs du monastère, en
ébranla plusieurs, mais n'arriva pas à abattre une âme
préparée à toutes les tribulations. Il rassembla à nouveau ses forces près de faiblir, excita ses disciples
contre Benoît, les poussa à lui causer des dommages,
à lui enlever des chevaux et des bœufs, en cachette
comme ouvertement. Mais celui qui avait mis Dieu
avant toutes choses, perd sans douleur ce qu'il possé-
dait sans amour. Sûrement que pour aucun de ces
vols, nul ne le vit jamais troublé, il ne s'enquérait
point de ce qui était perdu, ne recherchait point ce qui
avait été volé ; et si le voleur se faisait prendre, il lui
venait en aide et en cachette, pour qu'il ne fût pas
repris, le faisait évader.

Ainsi un de ces voleurs qui avait dérobé des chevaux du monastère, fut attrapé, non sans recevoir des
blessures, par des voisins, et présenté au Père. Celui-
ci paya ses dettes, lui donna un médecin, et une fois
guéri, le renvoya sain et sauf. Il arriva une autre fois,
tandis que le Père voyageait avec un autre frère, qu'un
individu monté sur un cheval volé au monastère les
croisa en route. Le frère le regardant avec des yeux
curieux, reconnut le cheval volé et dit aussitôt tout

haut que c'était celui du monastère. Mais Benoît le fit taire : « Souvent un cheval ressemble à un autre cheval, » dit-il. Puis, à part, il gourmanda le frère en disant : « Et moi aussi je l'ai reconnu, mais je crois qu'il vaut mieux garder le silence que de couvrir un homme de confusion. »

V

Quelques miracles opérés par Benoît.

Et comme le Dieu tout-puissant qui a tout créé, accomplit aussi en temps voulu, des prodiges par le moyen de ses serviteurs, je vais brièvement relater ce qu'il fit par l'intermédiaire de Benoît.

Le feu, un jour, se mit à la maison voisine de la basilique de la bienheureuse Marie Vierge. Mais comme la flamme vorace léchait déjà le chaume sec, les frères accoururent consternés de voir que cette maison qu'ils avaient bâtie avec beaucoup de travail allait être rapidement consumée par les flammes, et s'employèrent de leur mieux pour que le feu ne se mît à l'église voisine, car la violence de la flamme se portait de ce côté. Pour voir ce spectacle, Benoît accourut aussi et les frères aussitôt de le presser de les aider par ses prières. Et lui, se rendant aussitôt à la demande des frères, s'agenouilla en pleurant devant l'autel de la bienheureuse Vierge et Mère de Dieu, Marie. Et tandis qu'il priait avec le secours immédiat de la divine miséricorde, l'élan de feu fut changé en sens contraire.

Il y eut aussi en même temps une telle multitude de sauterelles, que par leur nombre elles cachaient le rayons du soleil ; une nuée de ces insectes étant venue fondre dans une vigne, qui est proche du monastère et

d'où les frères d'ordinaire retiraient une grande quantité de vin, allait la dévaster complètement. Mais le
vénérable abbé se rendit à la basilique de la Mère de
Dieu et, d'une voix entremêlée de larmes, implora le
secours divin. Et peu après, les sauterelles, mal repo-
sées, s'en allèrent.

Une autre fois encore, le feu prit à une colline voisine ; alimenté par les chaumes secs et les feuilles, il
léchait la terre desséchée par la trop grande chaleur
du soleil et menaçait de ruiner la vigne et le monastère. Pour éteindre l'incendie les frères accoururent,
mais le feu abandonna bientôt sa marche et finit par
s'éteindre de droite et de gauche. Si ce n'est par ses
prières, je ne crois pas qu'un tel incendie ait pu être
vaincu.

La garde des bœufs était confiée à un frère ; celui-ci,
en sortant du monastère pour aller à son office,
demanda sa bénédiction au Père qui lui donna aussitôt un signe de croix en disant : « Que le Seigneur te
garde ! » Mais voici qu'en arrivant à un carrefour, le
frère rencontra deux voleurs ; comme il s'était imprudemment avancé, ceux-ci le retinrent par la bride du
cheval qu'il montait, mais après s'être longtemps regar-
dés, sans rien dire, ils le laissèrent aller. Le frère
s'empressa de partir et le Père auquel il raconta le
fait, lui dit : « La bénédiction de Dieu t'a préservé
de tout danger »

Je ne crois pas non plus devoir passer sous silence,
ce fait dont je fus témoin. Un frère avait été nommé à
un emploi, mais, tombé dans la superbe, on dut le
déposer. Il en vint à une telle malice, que, sorti du
monastère, il se fit voleur, au point de dérober même
en cachette un cheval du monastère. On le prit et
Benoît le fit amener au monastère, les pieds liés sous
le cheval, tandis qu'il criait et jurait qu'il ne s'en irait
jamais plus. Pour son peu de bon sens, l'abbé lui fit
donner quelque temps des verges, et ainsi désormais
vivant pieusement et justement, il demeura au monas-

tère, comme si dans sa personne l'ennemi malin avait été bastonné.

Au sujet de la vie d'un tel Père, qu'il suffise d'avoir dit comment par la divine clémence, il quitta le siècle, comment il gagna les contrées de la Gothie, et comment par un nouveau travail il éleva un monastère. Il me faut maintenant raconter plus au long, comment avec l'aide du Christ, et sur l'ordre de Charles, il bâtit dans le même lieu un nouveau monastère.

VI

Ce que Charlemagne fit pour Aniane.

En l'année sept cent soixante-douze (1), la quatorzième roi Charles le Grand, Benoît, avec l'aide des ducs et des comtes, fit construire en l'honneur du Seigneur et de notre Sauveur une nouvelle église beaucoup plus vaste ; il bâtit aussi un nouveau cloître avec de nombreuses colonnes de marbre qui sont dans les portiques, et il ne couvrit plus les maisons de chaume, mais de tuiles. Ce lieu est doué d'une telle sainteté que quiconque avec confiance y viendra prier, et n'hésitera pas en son cœur, mais croira, obtiendra aussitôt ce qu'il aura demandé. Aussi comme il brille par une merveilleuse piété, nous avons pensé qu'il fallait pour ceux qui viendront après, montrer plus au long la disposition de ce lieu.

Le vénérable père Benoît, poussé par une pieuse

---

(1) Cette date de sept cent soixante-douze doit être regardée comme une erreur de copiste, puisqu'alors Benoît n'avait pas encore embrassé la vie religieuse. L'erreur est d'ailleurs réparée par les mots mêmes du texte qui suivent : il y est dit que c'était la *quatorzième* année du règne de Charlemagne, donc en 782.

considération, ne voulut pas prendre des saints pour titulaires, mais, en l'honneur de la divine Trinité, comme nous l'avons déjà dit, il consacra cette église. Pour que ce que je viens de dire soit plus clairement reconnu dans l'autel qui est comme le premier de tous les autres, il eut l'idée de faire placer trois autels, pour qu'ils paraissent ainsi figurer la personnalité de la Trinité ; et la disposition en est merveilleuse, montrant en trois autels l'individuelle Trinité et en un seul autel démontrant la divinité une par essence. Cet autel est solide à l'extérieur, mais creux en dedans, figurant ainsi celui que Moïse construisit dans le désert. Il y a par derrière une petite porte où les jours ordinaires, sont enfermées dans des coffrets diverses reliques des Pères. Que cela suffise pour l'autel.

Passons rapidement à la construction de l'édifice et disons en quelques mots avec quel ordre et quelle richesse il a été composé. Tous les objets servant au culte, qui sont dans cet édifice, sont au nombre consacré de sept. Ainsi, il y a sept candélabres travaillés avec un art admirable, de la tige desquels sortent des petites branches, des boules et des lys, des roseaux et des coupes en forme de noix, sur le modèle de celui que Besebel avait merveilleusement fait.

Devant l'autel pendent aussi sept lampes magnifiques fondues avec un art inestimable et qui, d'après les gens habiles qui les ont vues, sont d'un travail salomonien, En même nombre, dans le chœur, pendent d'autres lampes en argent en forme de couronne. Elles ont soudés tout autour de petits cercles où l'on place des gobelets qu'on a l'habitude aux principales fêtes de remplir d'huile et d'allumer ; alors l'église est éclairée pendant la nuit entière, tout comme en plein jour.

Trois autels enfin dans cette même église ou basilique sont dédiés, l'un en l'honneur de saint Michel Archange, l'autre en l'honneur des bienheureux apôtres Pierre et Paul, le troisième en l'honneur de l'illustre proto-martyr Etienne. Dans l'église de la bienheureuse Mère de Dieu, Marie, primitivement construite, il y a un autel de saint Martin et un de saint Benoît. Quant à celle qui a été bâtie dans le cimetière, elle est dédiée à saint Jean-Baptiste, qui parmi les enfants des femmes est le plus grand, comme l'attestèrent les divins oracles.

Il faut remarquer quelle humilité et quel respect commande ce lieu, confié à la garde de tant de princes. Ainsi le Seigneur Christ est le Prince de tous les princes, le Roi des rois, le Seigneur de ceux qui dominent ; la bienheureuse Mère du même Dieu, Marie, est regardée comme la Reine de toutes les vierges ; Michel est à la tête de tous les anges ; Pierre et Paul sont les chefs des apôtres ; Etienne, le proto-martyr occupe le principat dans le chœur des témoins ; Martin est la perle resplendissante des évêques ; Benoît le père de tous les moines. Et dans les sept autels, les sept candélabres et les sept lampes est représentée la grâce septiforme du Saint-Esprit.

Que celui qui veut lire ou entendre cette vie, sache que ce monastère est le chef non seulement de ceux qui ont été construits dans ces contrées de la Gothie, mais aussi de ceux qui, dans d'autres régions, en ce temps-là ou dans la suite, furent bâtis sur son modèle, enrichis de ses trésors, comme va le raconter une note :

Il donna tout son cœur à étudier la règle de saint Benoît, à visiter pour mieux la comprendre un grand nombre de monastères, demandant aux frères qui en étaient instruits ce qu'il ignorait. Il réunit toutes les règles des saints qu'il put trouver, apprit une méthode utile et les usages salutaires des monastères, qu'il fit ensuite observer à ses moines. Il institua des chantres, forma des lecteurs, eut des grammairiens et des savants versés dans la science des écritures, dont plusieurs dans la suite devinrent évêques. Il rassembla une multitude de livres, réunit de précieux ornements ecclésiastiques, de très grands calices d'argent, et tout ce qu'il trouva devoir être nécessaire à l'œuvre de Dieu, il en fit l'acquisition avec grand soin. Aussi fut-il connu de tous, et la réputation de sa sainteté parvint jusqu'aux oreilles royales et impériales.

Il alla ensuite trouver le très glorieux empereur Charles, pour l'utilité de son monastère, et, poussé par une pieuse considération, lui en confia par charte la possession, afin qu'il ne reçût aucun dommage de la part de ses parents qui survivraient après sa mort. Il en reçut des lettres d'immunité ainsi conçues :

« Au nom de la sainte Trinité, Charles, par la grâce de Dieu, roi des Francs et des Lombards et patrice des Romains.

« Nous croyons augmenter la sécurité de notre royaume lorsque par un effet bienveillant de notre piété, nous accordons aux établissements des églises des bénéfices opportuns et leur en assurons, par écrit, avec la protection de Dieu, une possession durable. Aussi, qu'il soit donc connu de tous, évêques, abbés, comtes, vicomtes, vicaires, centeniers, juges, ainsi que de tous les fidèles présents et à venir, que l'homme vénérable Benoît, abbé du monastère, que lui-même par un travail récent, en tant que propriétaire, et depuis les fondements, a élevé en l'honneur du Seigneur et de notre Sauveur Jésus-Christ et de la Mère du même Dieu, toujours Vierge, Marie, et d'autres saints, dans le lieu appelé Aniane, dans le pagus de Maguelonne, sous le castrum de Mont Calmès, est venu auprès de notre Clémence, et, en pleine liberté, a remis entre nos mains le susdit monastère, avec tout ce qu'il contient et les ornements de l'église, ses appartenances et ses dépendances, et qu'il a placé ce même saint lieu sous notre défense et notre domination, pour qu'il soit régi par nous.

« C'est pourquoi sur cette demande de sa part et en vue de l'éternelle récompense, nous avons accordé à ce saint lieu cette faveur que, pour ce qui est des églises, constructions, terres ou autres possessions du dit monastère, qu'il est reconnu posséder légalement en ce temps-ci, soit par notre donation ou confirmation, soit par celle des fidèles, en quelque lieu qu'ils aient été donnés, par amour divin, ainsi que pour tout ce que dans la suite la divine piété voudra ajouter à ce saint lieu, soit par nous, soit par d'autres : nous prescrivons et défendons, sous peine d'anathème, que nul comte, ni évêque, ni aucune puissance judiciaire, pour entendre les causes, exiger des amendes, faire son séjour ou des préparatifs, enlever des otages ou les hommes du monastère, tant libres que serfs, qui résident sur la terre du dit monastère. percevoir des redevances ou des taxes illicites, exiger un cens quelconque, ose entrer en aucun temps sur ces terres et présume leur imposer des charges ; mais que l'abbé Benoît ou ses successeurs, ou les moines dudit monastère, présents ou à venir, à cause du nom de Dieu, sous le bénéfice d'une entière immunité, sans aucune inquiétude ni contrariété, puisse en exercer la propriété et qu'il n'ait à rendre à qui que ce soit ni pour quoi que ce soit aucune redevance ; mais nous voulons établir ce saint lieu sous notre défense et domination. Nous statuons donc et ordonnons que ni vous, ni vos fils ou successeurs, ni qui que ce soit, revêtu d'un pouvoir judiciaire, au sujet de l'église, des constructions, des terres ou autres possessions du susdit monastère, ou au sujet de tout ce qui est écrit ci-dessus, ne présumiez en aucun temps les contrarier ou les opprimer, mais que ceci, qu'à cause du nom de Dieu et pour la récompense éternelle, nous avons octroyé au dit monastère, serve à sa perpétuelle prospérité.

« Et lorsque, à l'appel divin, le suscrit vénérable Benoît, abbé, ou ses successeurs, auront passé de cette lumière au Seigneur, que celui qui aura paru le meilleur et en tout fidèle à nous, et que cette sainte congrégation aura choisi dans le monastère suscrit ou ailleurs, pour le nommer abbé et lui confier la direction de cette même sainte congrégation, selon la règle de saint Benoît, puisse être, de par notre volonté et permission, librement élu ; de se faire ordonner lui et ses moines où il voudra et par n'importe quel pontife, qu'il ait le pouvoir d'après notre ordre et notre consentement, pourvu qu'il plaise à ces serviteurs de Dieu qui le servent dans ce monastère d'implorer la miséricorde divine pour nous et notre épouse, pour notre race et pour la stabilité de tout le royaume que Dieu a confié à notre garde.

« Et pour que l'autorité de cette confirmation, aujourd'hui et à l'avenir, avec la protection de Dieu, puisse demeurer inviolée, de notre propre main, nous avons écrit ci-dessous notre signature et avons fait mettre à côté l'empreinte de notre anneau. »

Tels sont les privilèges que le très glorieux roi Charles accorda par ordonnance au vénérable homme Benoît, qui reçut en outre par charte impériale certaines terres voisines, propres au labourage et utiles à la dépaissance des troupeaux. Comblé de grands honneurs par l'empereur et de plus d'une somme d'environ quarante livres en argent, Benoît revint en paix à son monastère. Mais dès qu'il eut atteint le sol de ses pères, divisant par portions l'argent qu'il avait apporté, il le distribua comme bénédiction à chaque monastère.

～～～～～～

VII

Benoît et la vie religieuse.

IL avait en effet ce don, qui de nos jours est le plus estimable de tous, à savoir la bienveillance pour tous, une pieuse attention et sollicitude pour tous les monastères proches ou éloignés. Il les visitait souvent, et les remplissait de l'ordre d'une vie sainte. De ce qu'il recevait de la libéralité des fidèles, suivant le nombre des habitants ou suivant la possibilité, il envoyait une part plus grande à ceux qui en avaient le plus besoin, plus petite à ceux qui en avaient le moins besoin. Il connaissait les monastères de tous les religieux en particulier et retenait leurs noms. Pour les manteaux, comme il ne pouvait en envoyer un à chaque moine, il en envoyait cependant qui divisés en parties pouvaient servir à confectionner des croix.

Et de tous les monastères, tant de la Province que de la Gothie ou de la province Novempolitaine, il était comme le nouricier, réchauffant et aidant ; aussi par tous était-il aimé comme un père, vénéré comme un seigneur, révéré comme un maître. Il mettait de côté avec grand soin la part des pauvres et il ne souffrait pas que celle des veuves fût dépensée pour d'autres usages. Il savait le nom de toutes les saintes femmes et des veuves habitant aux environs. Il était heureux de procurer le rachat des captifs, et je ne pense pas qu'il ait jamais refusé l'aumône quand il pouvait la faire, mais autant qu'il le put, il se fit tout à tous. C'est pourquoi chacun lui apportait spontanément ce qu'il avait, sûr de la manière dont la dépense en serait faite en faveur des pauvres, des indigents, des veuves, des captifs et des moines : aussi reçut-il de plusieurs près de quatre à cinq mille sous et des vases pour les distribuer aux indigents.

Il avait aussi un grand soin de rassasier non seulement les siens du pain de la prédication, mais de nourrir encore du pain céleste ceux qu'il lui arrivait de rencontrer en route, et, pour que par l'oubli, ils ne vinssent à en perdre le fruit, il avait coutume de la leur faire prendre avec des paroles telles qu'elles adhérassent très fort à leur cœur : « Sois, disait-il, chaste de corps et humble de cœur, parce que n'est pas agréable à Dieu la chasteté orgueilleuse, ni l'humilité impure. » A d'aucuns, il avait coutume de répéter ceci : « Si de nombreux commandements te paraissent impossibles, retiens ce petit précepte-ci : Evite le mal et fais le bien. » (Ps. xxxvi, 21.) Cette sentence lui était si familière, que, au temps de sa mort, ayant déjà recueilli les maximes de tous les Pères, il voulait en faire un livre.

Aux frères, ses disciples, à toute heure, c'est-à-dire, pendant les veilles, au chapitre, au réfectoire, il fournissait la nourriture de vie. Et comme pendant que nous essayions de montrer sa grande bonté, la multitude de ses vertus s'est présentée à nous, nous avons cru devoir autant que possible, les faire connaître à ceux qui les ignorent et désirent en être instruits. Il fut évident pour quiconque vécut dans son entourage, qu'il surpassait tout le monde en charité. Il ne voulut, en effet, jamais faire ce qui lui servait, mais plutôt ce qui était utile aux autres. Que si cela venait à lui arriver, il le réparait aussitôt.

Par amour de la charité, afin d'en sauver plusieurs, il visitait toutes les cellules, expliquant à chacun les obscurités de la sainte règle. Animé encore par la charité, à Arles, avec de nombreux évêques, abbés et religieux, il demeura plusieurs jours dévoilant les secrets des canons, expliquant à ceux qui ne les comprenaient pas les homélies du pape saint Grégoire. Rempli toujours par la charité, il recevait et nourrissait dans son monastère des clercs et des moines venus de divers lieux, auxquels donnant un maître, il faisait apprendre les sciences sacrées. C'est par charité qu'il donnait des présents à ceux qui lui faisaient injure. Inutile d'ailleurs de nous efforcer à dévoiler ce que tous ont vu plus clairement, beaucoup le savent par expérience.

Benoît s'était un peu relâché de la rigueur première parce qu'il avait assumé une tâche impossible, mais sa volonté demeurait toujours la même. Ainsi, avec ceux qui labouraient, il labourait lui-même, il était avec ceux qui bêchaient et moissonnait avec les moissonneurs. Et bien que cette région soit brûlée par la chaleur du soleil, et que l'ardeur du feu, comme sortant d'un four, y soit telle qu'elle incendie plutôt qu'elle ne réchauffe, Benoît n'accordait aux siens, couverts de sueur sous la chaleur excessive, qu'un gobelet d'eau avant l'heure du repas. Au reste, harassés de travail, brûlés par la chaleur, les moines désiraient plus de l'eau fraîche que du vin et personne ne murmurait contre l'abbé parce qu'il supportait lui aussi de pareilles privations. Et cela était encore pour eux d'un grand avantage parce que Benoît souffrant lui-même de la soif, était plus à même d'agir plus humainement à l'égard des siens.

Ceux qui travaillaient n'osaient pas se distraire par de vaines paroles, mais les mains étaient occupées par le travail, les langues par les psaumes. A l'aller, au retour, au travail leur visage était tourné vers les divines méditations. Nous avons vu souvent Benoît frapper la paume des mains à ceux qui, envers lui, pour le boire et le manger avaient voulu agir plus humainement. Nous l'avons vu aussi mesurer le vin qu'on lui donnait, et, comme le racontent les celleriers, tandis que les autres buvaient du vin, il ne buvait que de l'eau excepté le samedi et le dimanche.

Souvent, nous avons ôté la graisse de ses aliments et il veillait grandement à ce qu'il ne s'y trouvât pas même le plus petit morceau de fromage broyé. Du jour de sa profession jusqu'à sa mort, il ne voulut point manger de viande des quadrupèdes ; il prenait du bouillon de volaille, lorsqu'il lui arrivait quelque faiblesse. Et même pendant quelques années, dans les premiers temps, il défendit l'usage de la graisse, il est vrai que pour les autres, chaque fois qu'il était opportun, il permettait ce qu'il se refusait lui-même.

Il avait un tel souci de l'ordre, que s'il voyait traîner quelques graines de légumes ou une petite tête de poireau ou des feuilles de choux, il imposait aussitôt une juste punition à celui qui se trouvait être en faute. Si celui qui lui versait de l'eau pour se laver, en répandait, comme on fait d'ordinaire, plus qu'il ne faut, il lui disait que c'était presque un péché, parce qu'il ne marchait pas dans le sentier de la discrétion.

Benoît avait encore ce singulier don, à savoir que si quelqu'un, l'esprit troublé de souci, se rendait auprès de lui immédiatement, après un salutaire conseil reçu de sa part, la troupe tumultueuse des inquiétudes s'enfuyait. Souvent même si celui qui était ainsi en prise à de mauvaises pensées, comme je l'ai appris d'un frère sincère, disait en lui-même : « j'irai et je vous dévoilerai au maître Benoît », sur-le-champ le trouble importun l'abandonnait. Si quelqu'un était coupable de plus grandes fautes, en ouvrant son cœur à Benoît, il en recevait le calmant de la consolation ; et celui que torturait la tristesse, n'avait qu'à venir à lui pour aussitôt s'en retourner tout joyeux.

VIII

Expansion de la vie monacale.

Benoît, Théodulfe et Alcuin.

LE nombre des serviteurs de Dieu grandit tellement qu'ils furent plus de trois cents, et comme pour eux le monastère était trop petit, Benoît fit élever une nouvelle construction qui devait contenir mille hommes et plus, puisqu'elle a cent coudées en longueur et vingt en largeur. Et comme les anciens couvents ne pouvaient recevoir tous les moines, il fit bâtir en des lieux convenables des cellules où il établit des religieux sous la dépendance de supérieurs.

Il arriva en ce temps-là une inondation causée par les pluies ; pendant le sommeil du père et des frères l'eau entra subitement par deux portes et envahit la maison de ceux qui dormaient. Remplis de frayeur, les frères se lèvent en hâte. Le bâtiment des latrines avait été à grande peine élevé sur le torrent et celui-ci dans sa crue menaçait de le renverser, car heurtant la base avec un sourd murmure, les eaux d'un moment à l'autre allaient faire irruption à l'intérieur et tout détruire. Tous courent au milieu de la nuit à l'église où le père, arrivé le premier, saisit la corde de la cloche, fait chanter les laudes, implorer les suffrages des saints et solliciter en même temps par des larmes, la clémence de Dieu.

Après beaucoup de prières, les moines vont voir si la construction a déjà été renversée. Et pendant que le vénérable homme va lui aussi, dans l'obscurité de la nuit, ses jambes s'embarrassent dans des ronces, et tout chagrin, il fond en larmes, et pour que l'inondation s'arrête, il supplie Dieu. Mais quand les frères arrivent à l'endroit, l'eau se trouve être descendue d'un bon pied. Désormais confiants dans l'aide de Dieu, ils reviennent vers leurs compagnons demeurés dans l'église et racontant les bienfaits de Dieu, ils l'en remercient.

Entre temps, entendant parler de la renommée de sa sainteté et de la sainte opinion qu'on avait de son troupeau, quelques évêques demandèrent instamment à Benoît de leur donner des moines pour servir de modèles. Parmi eux Leidrade, évêque de Lyon, voulant relever le monastère nommé Ile-Barbare, demanda avec instance à Benoît des moines qui lui montreraient le commencement de la bonne vie et il les obtint. En effet, Benoît choisit dans son troupeau une vingtaine de disciples, leur donna un directeur, et les envoya demeurer dans le pays de Burgondie, où avec l'aide du Christ Seigneur s'est réuni un grand nombre de moines qui maintenant progressent et florissent dans la sainte religion.

Théodulfe aussi, l'évêque d'Orléans, voulait construire le monastère de Saint-Maximin et il demanda à Benoît des sujets instruits de la discipline régulière ; Benoît les lui accorda bientôt et lui envoya par deux fois dix moines avec un maître à leur tête. Et ceux-ci luttant constamment entre eux avec un saint zèle, attirèrent auprès d'eux un grand nombre de religieux et je dois maintenant raconter ce qui se passa une fois que Benoit alla les visiter.

En attendant sa venue tous les moines s'agitaient beaucoup, par amour pour lui, afin qu'on pût préparer une grande quantité de poissons et de vivres, non seulement pour le Père, mais aussi pour tous les frères. Les frères vont et viennent, sollicitent les pêcheurs, scrutent les marchés, mais il advint une telle difficulté, qu'ils ne trouvèrent rien à acheter ni ne purent rien prendre. Ce manque de vivres les affligeait beaucoup. Arrive pendant ce temps le Maître, on le reçoit avec joie, avec joie il leur rend leur salutation, mais sous un visage rieur, les frères cachaient leur déconvenue. Et voici qu'il arriva ensuite qu'un frère employé à quelque travail était sur le bord de la Loire, et tout à coup il voit nageant auprès du bord un très gros poisson qu'on nomme *ysice,* sans tarder il saute à l'eau pour le saisir et il apporte sa capture aux frères. Cet événement causa une grande joie et un étonnement plus grand encore. Tous cependant furent persuadés que c'était grâce aux mérites de Benoît que la chose avait eu lieu. C'est ainsi que d'un frère digne de foi, je l'ai appris, si je ne me trompe.

Alcuin, aussi de la race des Angles et de l'ordre des lévites, illustre par sa naissance et justement vénérable par sa sainteté, était abbé du monastère du bienheureux Martin, confesseur, ancien évêque de Tours, après avoir été comblé d'honneurs à la cour du glorieux empereur Charles. Ayant appris et reconnu la sainteté de l'homme de Dieu, il s'attacha à lui d'une inviolable amitié, tellement que les lettres qu'il lui adressait directement, si on les réunissait, formeraient un volume. Il envoya des présents à Benoît et le pria instamment de lui donner des moines. Et dès que le Père y eût consenti, il lui manda des chevaux pour amener les moines qu'il établit au monastère de Cormarine, qu'il avait élevé. Ils y furent, je crois, au nombre de vingt avec un supérieur et le bon exemple de leur vie religieuse attira vers eux une multitude de moines.

IX

Quelques miracles.

Q UANT aux miracles qui en ce même temps furent accomplis avec l'aide propice de la Divinité, je ne crois pas qu'il soit hors de propos de les rapporter ici. Ainsi un frère avait été envoyé pour porter d'un monastère à un autre une table sacrée contenant des reliques de saint Denys et d'autres saints. A l'aller, il prit avec lui des petits chiens, puis revenant quelques jours après sans prendre soin de laver ses vêtements, il tâcha d'emporter la table sacrée. Entré dans une barque, il fit une bonne traversée (ce monastère était, en effet, situé entre un étang et la mer). Mais dès qu'il atteignit la terre et, qu'afin de transporter la table il monta sur le cheval où il avait auparavant porté les petits chiens, il fut frappé par la vengeance divine. Au même instant le cheval se retourna en tournant en cercle jusqu'à ce que le frère soit jeté à terre ; la table s'échappa de ses mains et fut cependant relevée intacte. Le cheval fut aussitôt remis sur pied et le frère qui était tombé fut emporté non sans avoir reçu de mal dont il fut longtemps affligé, mais à la fin il recouvra la santé.

Les frères qui avaient envoyé chercher les reliques voyant ce qui était arrivé, envoyèrent de nouveau un autre frère. Comme celui-ci était prêtre, il prit avec lui une croix où était un morceau de celle du Seigneur. Dès qu'il entra dans l'étang, la barque fut en proie à une violente tempête, mais aussitôt qu'il eut présenté aux flots en furie la croix qu'il portait à son cou, la tempête s'apaisa. Et tandis qu'il se reposait au monastère, il vit en songe un homme d'une blancheur éclatante, qui lui parla ainsi : « Si tu n'avais pas eu avec toi le bois (de la croix) de mon Seigneur, tu ne sortirais pas d'ici comme tu voudrais. » Il lui conseilla ensuite de porter les reliques à pied, et comme il n'obéit pas, en les transportant au monastère, il fut frappé d'une grave infirmité.

Après ceci, dans la même église où avaient été portées les reliques, pendait une petite lampe dont les petits vases contenaient très peu d'huile, mais le lendemain, on les trouva pleins et ceci arriva par trois fois. J'ai appris ces choses par le récit que m'en ont fait ceux mêmes qui ont été frappés de maladie.

Dans les lieux montagneux où les frères avaient coutume de demeurer pour faire paître leurs troupeaux, ils s'étaient bâti un petit oratoire. C'est là que des femmes entrèrent, un jour que les moines s'étaient éloignés, et dirent l'une à l'autre, en dérision des usages religieux : « Toi, tu remplaceras l'abbé, mets-toi à sa place. » Chacune fut placée de la sorte et faisant semblant de prier dans ce lieu de prière, elles s'asseyaient tranquillement, mais devaient mal se lever.

L'habitation des moines était vide alors, parce qu'ils n'y demeuraient que pendant l'été, mais une digne punition ne se fit pas attendre. Ces femmes furent prises de convulsions qui ne les quittèrent point jusqu'à ce que leurs maris fussent allés trouver les moines, à leur descente des hauteurs avec leurs troupeaux et les eussent suppliés de prier pour ces téméraires. Les frères se mirent en prière et ces femmes furent rendues à la santé.

Une fois aussi un énergumène vint au monastère, conduit par ses parents ; on le plaça dans la basilique de la bienheureuse toujours vierge Mère de Dieu, Marie. Les frères prièrent abondamment pour lui et il s'en retourna en paix, tout à fait guéri.

Une femme encore remplie de l'esprit immonde arriva au monastère. Les frères la gardent dans l'oratoire de saint Jean-Baptiste qui est dans le cimetière, ils veillent et prient et avec l'aide de Dieu, elle s'en retourne guérie.

Et dans l'oratoire qui fut dédié à saint Saturnin, martyr et auprès duquel le vénérable Benoît commença d'abord à habiter, si quelque fiévreux entre et dort quelque peu, si sa confiance est sans hésitation, il reviendra chez lui guéri. Je tiens cela de nombreuses personnes et particulièrement de celles qui éprouvèrent le bienfait de la guérison.

Au sujet des miracles accomplis de nos jours, qu'il suffise d'avoir dit ce peu. Au plan déjà suivi, avec l'aide de Dieu, revenons maintenant.

X

Benoît à la tête des monastères d'Aquitaine. On essaye, en vain, d'indisposer Charlemagne contre lui.

LE très glorieux Louis, pour lors roi d'Aquitaine, et maintenant devenu par le secours de la grâce divine empereur Auguste de toute l'Église d'Europe, affectionnait beaucoup Benoît pour sa vie pleine de sainteté et écoutait volontiers ses conseils. Aussi le mit-il à la tête de tous les monastères de son royaume pour qu'il montrât à tous les règles du salut.

Il y avait en effet certains monastères qui observaient les institutions canoniques, mais ignoraient les préceptes de la règle. Benoît, obéissant aux ordres du roi, fit le tour de tous les monastères, non seulement une fois ou deux, mais plusieurs fois, leur montrant les enseignements de la règle en la leur expliquant, un chapitre après l'autre, confirmant ce qu'ils savaient déjà, élucidant ce qu'ils ignoraient. Et il fit si bien, qu'avec l'aide de Dieu, presque tous les monastères d'Aquitaine se soumirent à la forme régulière.

Mais celui qui voit toujours de mauvais œil les bonnes actions, l'adversaire de l'innocence, l'ennemi de la paix, ne vit pas sans déplaisir qu'il arriverait sûrement grand dommage à son parti, si Benoît demeurait plus longtemps attaché à un roi si pieux et si leur amitié se maintenait ainsi unie. Et comme son orgueil lui a fait perdre la gloire de sa nature, il cherche de toutes ses forces à empêcher l'homme de conquérir ces mêmes biens qu'il a perdus. Il souffre, en effet, de voir l'homme racheté par la miséricorde divine.

Il n'est d'ailleurs pas étonnant que l'antique ennemi soit torturé par la probité des hommes pieux et tourmenté par les progrès de ceux qu'il trouve invincibles, alors que plusieurs imitent les œuvres de sa malice. Beaucoup, en effet, ce qui est vraiment douloureux, sont consumés de jalousie devant les progrès des autres contre lesquels ils s'arment de haine et dont ils ne veulent pas suivre les exemples.

Le démon donc irrité par les actes vertueux déjà cités et connus comme agréables à Dieu, forma son plan de bataille, s'arma du trait de l'envie et s'avança pour combattre le mauvais combat. Tout d'abord c'est l'esprit des clercs qu'il anima contre Benoît, il stimula ensuite les soldats de la cour royale, détourna même plusieurs comtes, et tous, enflammés par le feu de l'envie, non plus en secret, mais déjà même en public vomissant le poison empesté de leur cœur, proclamaient devant tout le monde que Benoît n'était qu'un coureur, un homme avide de richesses envahissant le bien des autres, et comme un solliciteur toujours occupé à réclamer pour les siens.

Leur mauvaise foi les amena à une telle fureur qu'ils essayèrent d'exciter Charles contre lui. Mais l'homme de Dieu, la conscience tranquille, ne s'émut point des malveillances, ni ne s'effraya des mensongères accusations. Et pour cette affaire, il se rendit au palais. En route, plusieurs essayèrent de le dissuader du voyage, attestant que s'il paraissait en présence de l'empereur, il ne reverrait plus jamais sa patrie, parce que la colère impériale était très grande contre lui. Il continua cependant son chemin, sans se troubler, plein de confiance dans la miséricorde de Dieu en qui il remettait toute son espérance et pour l'amour de qui il combattait sans se lasser. Au reste, s'il lui était donné de souffrir l'exil, il pensait en lui-même qu'il pourrait ainsi servir Dieu plus sûrement. Que si on lui enlevait la direction de ses religieux, il affirmait n'avoir point eu jusque-là d'autre désir.

Mais dès avant que Benoît fût arrivé en présence de l'empereur, la divine bonté donna à ce dernier une telle tranquillité d'esprit, que, aussitôt qu'il aperçut Benoît, il l'embrassa et voulut lui donner à boire de sa main. Et celui que des envieux croyaient devoir être arraché à son propre sol, y revint avec de grands honneurs. Ainsi, par l'ordre de la divine Providence, tandis qu'ils s'efforçaient de le diffamer ils publiaient ses louanges, et celui que par des mensonges ils avaient essayé de rendre odieux, ils le rendaient vénérable, non seulement aux petits, mais encore aux principaux du royaume.

XI

Saint Guillaume d'Aquitaine.

Et le comte Guilhem qui au palais de l'empereur était le plus illustre de tous, eut pour le bienheureux Benoît un tel sentiment d'affection, que, méprisant les dignités du siècle, il le choisit pour son guide dans la voie du salut, par laquelle il pourrait arriver jusqu'au Christ. Lorsqu'il eut enfin reçu l'autorisation de se faire moine, avec de grand présents d'or, d'argent, de vêtements précieux, il se mit à la suite du vénérable homme. Il ne souffrit aucun retard pour se dépouiller de sa chevelure et le jour anniversaire de la naissance (au ciel) des apôtres Pierre et Paul, il quitta ses habits tissés d'or, revêtit celui des serviteurs du Christ, très heureux d'être admis au nombre de ceux qui travaillent pour le ciel.

Il y a une vallée, éloignée d'environ quatre milles du monastère du bienheureux homme Benoît, et qu'on nomme Gellone. C'est là que le dit comte, encore revêtu des dignités du siècle, avait fait construire un monastère et qu'il se livra ensuite pour le reste de sa vie au service du Christ. Comme il était de noble origine, il s'étudia à devenir encore plus noble en embrassant la pauvreté du Christ et pour le Christ il rejeta l'honneur qu'il s'était légitimement acquis. Aussi, je pense qu'il est bon de raconter à ceux qui les ignorent, les actes pieux de sa vie religieuse.

Dans le susdit monastère, le vénérable Père Benoît avait déjà établi des moines et Guilhem, se formant par leurs exemples, surpassa bientôt par ses vertus ceux qui avaient été ses modèles. Avec l'aide de ses fils, qu'il avait mis à la tête de ses biens, et des comtes voisins, il put bientôt terminer la construction du monastère qu'il avait commencée.

Et ce lieu est si retiré, que celui qui y habite n'a

pas à appeler de ses vœux la solitude. Il est en effet entouré de toutes parts de montagnes porte-nuages, et il n'y a d'accès pour personne, si ce n'est pour celui qui, de lui-même, y est conduit par le désir de prier. Il est d'ailleurs si pourvu d'agréments que pour servir Dieu, on n'en peut souhaiter un autre, car il y a des vignes que l'homme déjà nommé y fit planter et la vallée est pleine de jardins ornés de diverses espèces d'arbres.

Guilhem fit l'acquisition de nombreuses propriétés. A sa demande, le sérénissime roi Louis enrichit le monastère d'un vaste territoire, lui concédant sur les terres du fisc des champs labourables ; il lui fit cadeau de très nombreux ornements sacrés, ainsi que de calices d'argent et d'or et de patènes. Il avait lui-même apporté beaucoup de livres et il revêtit les autels d'argent et d'or.

Dès qu'il entra dans ce monastère, il se donna tout entier au Christ, sans garder aucun vestige de la pompe mondaine. Il fut, en effet, d'une telle humilité que peu ou point de moines pouvaient s'abaisser aussi bas, lorsqu'ils le rencontraient, pour ne pas se laisser vaincre en humilité. Nous l'avons vu souvent, assis sur un âne, une outre de vin sur le bât, un gobelet pendu derrière le dos, porter à boire au temps de la moisson à nos frères, pour apaiser leur soif.

Pour l'office de nuit, il était si régulier qu'il surpassait tout le monde. Au pétrin, à moins que la place ne fût déjà occupée ou que la maladie l'en empêchât, il travaillait de ses propres mains. Il faisait la cuisine quand c'était à son tour. Pour ses vêtements, il avait adopté une forme d'extrême humilité, il demeura l'amateur du jeûne, toujours en prières, continuellement plein de componction et c'est à peine s'il pouvait recevoir le corps du Christ sans que ses larmes ne descendissent jusqu'à terre. Il recherchait de même avidement la dureté de la couche, mais à cause de son peu de santé, le Père Benoît le fit coucher, malgré sa résistance, sur un matelas.

Beaucoup racontent que par amour du Christ, il se frappait souvent de verges, prenant soin de n'avoir d'autre témoin que le frère qu'il chargeait de cet office Au milieu des nuits glaciales, agenouillé, à demi-nu et sous l'œil de Dieu seul, il demeurait souvent en prières dans l'oratoire qu'il avait construit en l'honneur de saint Michel.

Riche en peu d'années des fruits de ces vertus et d'autres encore, quand il reconnut qu'était imminent le jour de sa mort, il voulut qu'à presque tous les monastères situés dans le royaume de Charles, on donnât connaissance qu'il avait déjà quitté cette vie. Ainsi, chargé de ses mérites, à l'appel du Christ, il partit de ce monde. Pour ceux qui étaient curieux de les apprendre, qu'il suffise d'avoir dit ces choses ; revenons maintenant à l'œuvre commencée.

XII

Benoît et Louis, encore roi d'Aquitaine ; donations diverses.

Mais le très pieux roi Louis, plus les insensés tournaient en ridicule Benoît, le vénérable abbé lui témoignait une affection plus grande, parce qu'il savait que les méchants ont pour habitude de s'opposer à l'avancement des bons. La reine, elle aussi, le chérissait pieusement et parce qu'elle l'avait reconnu juste, elle l'écoutait volontiers et l'honorait souvent de ses bienfaits.

Et comme le nombre de ses disciples s'était sur-augmenté, et que le lieu où ils habitaient était infécond, presque stérile et brûlé par l'ardeur excessive du soleil, le roi lui donna un monastère situé dans le pays des Arvernes, que saint Ménélé, sorti de race royale, avait fondé et où repose son corps. Benoît y envoya douze moines et leur donna pour supérieur un homme d'une grande vertu, nommé Andoarius, qui s'était joint à lui dès le commencement de sa vie religieuse. C'était un homme éprouvé et rompu à tous les travaux. Et grâce à la conduite de ces moines et à leur saint zèle, soixante-dix religieux, plus peut-être, se joignirent à eux pour observer la vie monacale.

À ce monastère, une fois que l'illustre Père s'était rendu pour visiter les frères, et que l'abbé du monastère et ses frères l'attendaient à un autre endroit, il arriva que Benoît se rendit à une dépendance de ce même monastère, où est une église dédiée à notre Dieu et Sauveur. C'est là que les frères avaient habité au début, mais comme l'endroit était trop étroit, le sérénissime roi les avait transportés au monastère déjà nommé. Les frères qui y étaient demeurés pour en prendre soin, furent tout heureux de voir l'abbé et les siens, mais comme ils étaient dans un grand dénuement, ils s'attristèrent.

Cependant, comme là où est la charité, même le peu suffit, celui qui était à la tête des frères, ordonna à l'un d'eux d'apporter du vin. Mais celui qu'il en chargea répondit aussitôt : « Il n'y a plus de vin dans le vaisseau. » En s'en allant, les frères leur en avaient laissé deux petits, avec un peu de vin dont on s'était servi pour chanter les messes ou pour en donner à chacun aux jours de fête. En apprenant qu'il n'y avait plus de vin, le supérieur de ce couvent s'affligea, et dit pourtant avec confiance : « Va et apporte-nous-en, car il faut que pour l'amour de notre Père, ceux qui se hâtent à sa rencontre puissent se désaltérer, sans que le vin vienne à leur manquer. »

Le frère y alla et ayant tiré le *duiset,* il tira du vin. Déjà auparavant il avait voulu le faire, mais il était revenu sans vin. Il annonça ce qui était arrivé ; tous ceux qui étaient là glorifièrent Dieu et reconnurent qu'il en était ainsi grâce aux mérites du seigneur Benoît. Ils en burent à volonté et en emportèrent avec eux comme bénédiction. Et Benoît aussi arrivé avec les siens en prit tant qu'il fut nécessaire et en garda avec lui pour le voyage. Après quoi, le vaisseau cessa de donner du vin. Je tiens ce fait des frères mêmes qui l'ont vu et qui vivent encore aujourd'hui.

Une autre fois, Benoît revint à ce même monastère, après un long sermon de prédication et un pieux entretien, il donna aux frères avant de partir le baiser de paix. Un moine, au milieu des autres, s'avança pour le recevoir, mais en le voyant, l'homme de Dieu s'arrêta soudain et pendant un moment lui refusa le baiser de paix, mais après une réprimande justifiée, au milieu de notre étonnement, il l'embrassa. Après celui-là il en vint encore un autre auquel il fit de même. Puis disant enfin un dernier adieu aux frères, il s'en alla. Après son départ, le lendemain, on sut que ces deux frères avaient fait le projet de prendre la fuite. Nous comprîmes ensuite que c'était pour cela que, sur la révélation de l'Esprit-Saint, le vénérable abbé avait tardé à les embrasser, et voyant leur dessein, bien qu'il ne le fît pas connaître tout entier, il avait admonesté salutairement leurs consciences troublées.

Le très glorieux roi lui donna encore un monastère où, je crois, il envoya vingt moines, auxquels il joignit un abbé. Ce monastère est situé dans le territoire du Poitou et dédié en l'honneur de saint Savin. Les frères qu'il y envoya attirèrent à eux par leurs continuelles sueurs et leur pieux zèle un grand nombre de religieux.

Le roi lui donna encore un autre monastère qui est situé dans le territoire du Berry, il y établit une quarantaine de moines, auxquels il donna un abbé; et comme tout était à faire en cet endroit, il prêta son aide et fournit des livres et des ornements sacrés. Et ces moines, faisant fleurir la vie religieuse, révélant à tous la règle d'une sainte vie, conservant aussi leurs esprits unis par le lien de la paix, firent entrer au bercail du Christ un grand nombre de religieux.

Un personnage nommé Ulfarius, de la famille de Guilhem, homme illustre et noble, fit don à Benoît, pour construire un monastère, d'un lieu situé dans l'Albigeois, où il envoya douze moines avec un abbé à leur tête. A ceux-ci encore, comme ils s'efforçaient de parfaire la construction commencée du monastère, il fournit plusieurs livres, des ornements sacrés, un calice d'argent et des patènes, une croix et tout ce qu'il crut devoir leur être nécessaire. Ces moines aussi qui travaillaient autant à l'édification des âmes et à l'observance de la Règle qu'à édifier des constructions matérielles, acquirent au Christ Dieu pour le servir une grande congrégation de religieux frères.

XIII

Louis le Pieux, empereur. — Benoît aux monastères de Maur, en Alsace et d'Inda. — Il est mis à la tête de tous les monastères.

APRÈS la mort du sérénissime Charles, lorsque son fils Louis, roi d'Aquitaine, eut pris la charge de l'empire, le nouvel empereur ordonna à Benoît de se rendre dans le pays de France, et lui désigna en Alsace le monastère de Maur, où il l'établit avec plusieurs de ses disciples d'Aniane qui l'avaient suivi.

Et comme ce lieu est encore si éloigné du palais que Benoît quand on l'appelait ne pouvait y être rendu en temps voulu et que l'empereur avait souvent besoin de lui, il plut à l'empereur de lui donner non loin du palais, un lieu convenable où avec quelques religieux seulement, il pourrait vivre tranquille. Ainsi Benoît, après avoir donné un abbé aux frères qui demeuraient à Maur, se rapprocha avec quelques religieux, pour obéir à la volonté impériale. Il y avait tout près, une vallée, distante du palais, si je ne me trompe, de pas plus de six milles, qui plut aux regards de l'homme de Dieu. C'est là que l'empereur avec un soin merveilleux fit construire un monastère qu'on appela Inda, nom emprunté à un petit ruisseau de cette vallée.

L'empereur assista à la dédicace de l'église ; il la dota richement de terres impériales, lui accorda l'immunité et par écrit ordonna que trente frères demeurassent là pour y servir Dieu le Christ. C'est pour réunir ce nombre de frères, qu'il ordonna au vénérable abbé de choisir dans les divers monastères qu'il connaissait des religieux qu'il instruirait de son exemple, qui seraient pour les autres un instrument de salut, jusqu'à ce que, sous l'inspiration de la divine grâce plusieurs grands de cette même province aient renoncé à la pompe séculaire et soient venus les relever au service du Roi éternel.

Après cela, l'homme de Dieu se mit à franchir les portes du palais et à supporter à nouveau, en vue de l'utilité générale, le tumulte des cours jadis abandonné. Tous ceux en effet qui ayant eu à souffrir de la part de quelqu'un, demandaient les suffrages impériaux, se rendaient auprès de Benoît qui les recevait à bras ouverts, les embrassait et présentait à l'empereur, en temps opportun, leurs plaintes écrites sur des cédules.

L'empereur avait pris l'habitude de chercher chaque fois ces suppliques en palpant les manches et les plis du vêtement de Benoît (c'est là en effet que de peur de les oublier il les mettait), il les lisait ensuite et accordait ce qui lui paraissait le plus utile. Volontiers l'empereur prenait ainsi connaissance des diverses doléances et c'est pour cette raison qu'il voulait que Benoît se rendît souvent au palais.

Il y en avait plusieurs qui donnaient à l'empereur leur avis sur l'administration du royaume, la situation des provinces et leurs besoins, mais aucun ne s'intéressait autant aux souffrances des malheureux, nul ne montrait au roi autant que lui la pauvreté des moines. C'était en effet l'avocat des malheureux, mais le père des moines ; celui qui console les pauvres, mais celui qui dirige les religieux, aux riches il donnait le pain de vie, mais à l'esprit des moines, il inculquait la discipline de la règle. Aussi, bien qu'il fût attentif aux besoins de tous, il intervenait avec plus de zèle encore dans les nécessités des religieux.

L'empereur le mit encore à la tête de tous les monastères de son royaume, parce qu'après avoir montré la règle du salut à l'Aquitaine et à la Gothie, il fournit aussi le même exemple salutaire à la France. Il y avait beaucoup de monastères qui, au début avaient été régulièrement institués, mais peu à peu la ferveur première s'attiédissant, l'ordre régulier avait presque disparu. Comme tous avaient la même profession, il fallait qu'il n'y eût de même pour tous les monastères qu'une seule règle salutaire ; et c'est pour cela que sur l'ordre de l'empereur, les abbés se réunirent ainsi que de nombreux moines et Benoît siégea avec eux pendant plusieurs jours.

XIV

La réforme de Benoît : unité et uniformité de la règle.

DEVANT tous, il expliqua la règle à fond rendit clair pour tout le monde ce qu'il y avait d'obscur, résolut les passages difficultueux, rejeta les primitives erreurs, approuva les coutumes et les additions utiles. Il présenta à l'approbation de tous ses jugements sur la règle, ses commentaires sur les passages douteux envisagés au point de vue du plus grand profit, ainsi que son avis sur les coutumes dont la règle s'occupe moins. De tout cela, il forma un capitulaire qu'il présenta à l'approbation de l'empereur, afin qu'il en ordonnât l'observance dans tous les monastères de son royaume. Nous renvoyons à ce capitulaire le lecteur désireux d'en savoir davantage.

L'empereur accorda sur-le-champ son approbation et désigna pour chaque monastère des inspecteurs qui devraient se rendre compte de l'observance des ordres donnés et même au besoin communiquer à ceux qui l'ignoraient une méthode salutaire. Ainsi l'œuvre fut accomplie et menée à bien, avec le secours de la divine miséricorde ; une seule règle est observée par tous et tous les monastères ont été ramenés à l'unité, comme s'ils étaient en un seul lieu et sous la direction d'un maître unique. L'uniformité doit être gardée dans le boire, le manger, les veilles, et tous les détails. Mais comme il avait imposé aux autres monastères l'observance de la règle, Benoît forma avec tout le soin possible ses religieux d'Inda, afin que les moines qui s'y rendraient de diverses contrées, n'aient pour ainsi dire aucunement besoin de grandes phrases pour être instruits, parce que dans la manière d'être et d'agir de ces religieux, ils verraient un modèle et comme une peinture vivante de la règle.

A cause de l'indiscrète ferveur de plusieurs, de la lâche tiédeur de quelques autres et du peu d'intelligence des moines bien doués, il prit un moyen terme qu'il donna à observer à tous, retenant les uns pour qu'ils ne recherchent pas le superflu, commandant aux autres pour qu'ils secouent leur torpeur, à d'autres enfin conseillant de remplir au moins ce qu'ils pouvaient.

La règle, il est vrai, ordonne bien des choses, mais il est encore des détails relatifs à la pratique journalière qu'elle passe sous silence, dont l'accomplissement orne les religieux comme de pierreries alors que leur

non observation suffit à montrer celui qui est en dehors
de la règle. Elle a encore des prescriptions qui peuvent être omises soit pour conserver l'unité, soit pour
des raisons de convenance, soit en considération de la
fragilité humaine. C'est pourquoi le vénérable abbé de
pieuse mémoire ordonna d'observer, sans aucun retard
et sous le couvert d'aucun prétexte, ce qu'il trouva
devoir être observé ; néanmoins, il fit omettre par ses
disciples ce qu'il vit qu'on devrait omettre et changer
ce qu'on devrait changer, tenant compte en tout ceci
du pouvoir de chacun et de la diversité des lieux. S'il
y avait dans la règle quelques passages moins clairs,
il les expliqua, comme il suppléa aussi à quelques
lacunes, de quoi je vais, avec l'aide de Dieu, donner
quelques exemples.

Dès qu'avait sonné le signal des heures nocturnes,
il ordonna d'agiter une clochette dans le dortoir des
frères, pour que tous, après quelques prières, se tien-
nent prêts à leur place, alors on devait ouvrir les
portes de l'église pour que puissent entrer les hôtes.
S'étant levés rapidement, ainsi que le veut la règle,
que les frères prennent l'eau bénite, passent avec
humilité et respect la visite de tous les autels, se rendent enfin à leur place et soient prêts, quand sonnera
le troisième signal, à se lever et à écouter attentivement le prêtre désigné pour commencer l'office. Et
qu'aucun de ceux qui doivent entrer dans l'église ne
se tienne à l'écart, mais que tous prennent place au
chœur et psalmodient selon qu'il est prescrit.

Benoît ordonna de chanter cinq psaumes pour tous
les fidèles vivants de l'univers entier et cinq pour tous
les fidèles trépassés ; et pour ceux qui sont défunts
depuis peu de temps et dont la nouvelle de la mort
n'a pu arriver à la connaissance des moines, il prescrivit qu'on chanterait pareillement cinq psaumes.
Après chaque série de cinq psaumes, que chacun se
recueille un instant en s'inclinant pour recommander à
Dieu ceux pour qui il vient de les chanter et ce n'est

qu'après qu'il commencera à prier pour les autres.

Et il ne faut pas être paresseux, à certains passages des psaumes relatifs au Roi éternel pour le supplier, le corps profondément incliné, puisque à chaque parole des puissants, on ne craint pas d'incliner la tête, d'autant plus que ces actes-là attirent la grâce divine et suscitent l'abondance de componction.

Pendant l'été, une fois terminé l'office des matines, il voulait qu'on sortît aussitôt de l'église pour ne pas succomber au sommeil, qu'on se chaussât, qu'on se lavât le visage et qu'on revînt immédiatement à l'église. On devait, suivant l'ordre déjà expliqué, faire la visite des autels, prendre l'eau bénite, se rendre ainsi aux places désignées pour réciter convenablement l'office du jour, avec le psaume CXVIII, comme le veut le rit romain, et il fallait que tous soient prêts pour se rendre au chœur dès le signal de la première heure. On sonnait longtemps la cloche, pour que tous pendant la sonnerie puissent arriver et qu'au dernier coup le prêtre commençât l'heure. Une fois Prime terminée, tous se réunissent pour tenir chapitre. Après quoi, en silence ou en psalmodiant que chacun se rende au travail qui lui est imposé.

Ceux qui restent dans le monastère ne doivent pas s'entretenir de propos oiseux, mais il faut que deux à deux ou même seuls, à la cuisine, au pétrin ou ailleurs, ils récitent des psaumes. Il établit aussi qu'après les complies il n'était pas permis de sortir de l'église ou d'y entrer comme on voudrait, mais qu'il fallait chanter dix psaumes en hiver, cinq en été et dès le signal donné visiter les autels suivant l'ordre ordinaire, puis se rendre chacun à son lit pour se reposer.

Il prescrivit qu'on ferait trois fois par jour la visite des autels en disant devant le premier l'Oraison dominicale et le Symbole et devant les autres l'Oraison dominicale ou le Confiteor. Pour la récitation des heures divines, chacun doit venir prier à sa place. Mais si quelqu'un veut prier en particulier lorsqu'il en a le temps, il peut le faire librement. Il établit qu'il y aurait au moins par trois fois des prières communes, pour que ceux qui seraient engourdis par la torpeur et peu enclins à la prière, fassent au moins de force ce qu'ils ne voudraient pas faire d'eux-mêmes, et n'aient pas la tentation de laisser passer les heures établies. Ainsi encore était retenu le zèle indiscret de ceux qui brûlaient d'une ferveur excessive. Il arrive d'ailleurs d'ordinaire à ces derniers que pour avoir voulu passer une nuit entière en prières ils sont fatigués aux autres parties de l'office et leur esprit tourmenté par le sommeil ne peut plus suivre convenablement le sens divin.

Dans le vêtement également, la coutume avait introduit de multiples différences. C'est ainsi que plusieurs avaient des cucules pendant jusqu'aux talons. C'est pourquoi l'homme de Dieu fit garder à tous une mesure uniforme, à savoir, que la longueur n'excédât pas deux coudées, ou qu'elle pût atteindre jusqu'aux genoux. Il accorda aussi par raison de nécessité un vêtement complet en plus de celui qu'ordonne la règle, c'est-à-dire, deux vêtements tissés, deux caleçons de peau, deux manteaux ; et tout ce qui lui parut nécessaire pour prévenir toute difficulté, il le toléra de même.

Il donna encore par un écrit de l'empereur l'explication des motifs qui avaient fait justement conserver ce que la règle ordonnait et ajouter utilement certains détails qu'elle ne mentionnait pas. Tout son désir, en effet, se réduisait à l'observance de la règle et sa plus grande étude était d'en acquérir une intelligence complète.

C'est pour cela que, s'il trouvait des gens compétents, qu'ils fussent proches ou éloignés, il les interrogeait et il agissait ainsi surtout envers ceux qui étaient allés au Mont-Cassin parce qu'ils avaient appris ce qu'ils savaient non pas par ouï-dire, mais de visu. A cause de cet amour d'une plus grande compréhension

de la règle, lorsque quelqu'un lui suggérait quelque
considération nouvelle, immédiatement il l'écoutait
avec humilité et sans honte, avouait qu'il ne pouvait
encore connaître les sens cachés de la règle, et lui
qui l'avait élucidée, je ne dis pas devant tous les
ignorants, mais devant les plus savants mêmes,
confessait avoir appris des choses nouvelles et
inconnues de la bouche des gens instruits et de celle
même des plus simples.

XV

Dernières années de Benoît. — Ses ouvrages.

IL composa un ouvrage où il réunit les règles des
divers Pères, ayant soin de mettre en premier lieu
la règle de saint Benoît, et il ordonna qu'on en ferait
la lecture à la réunion du matin. Et pour démontrer aux
yeux de contradicteurs qu'il n'y avait rien d'inutile et
de frivole dans la règle de saint Benoît, mais qu'elle
est pleine d'emprunts faits aux autres règles, il
composa un nouveau livre auquel il donna le nom de
Concorde des Règles, et où il réunit les ordonnances
des diverses règles de façon cependant à ce que les
passages tirés de la règle de saint Benoît précédassent
les passages correspondants tirés des autres règles.

Il écrivit encore un autre livre où il recueillit les
homélies des saints Docteurs relatives à l'exhortation
des moines et il ordonna d'en faire en tout temps la
lecture aux réunions du soir.

Considérant en outre que plusieurs faisaient de
grands efforts pour acquérir les monastères des religieux, qu'ils les obtenaient non seulement par des
prières, mais par de nombreux présents, qu'ils dépen-
saient à leur profit les revenus des moines, ce qui
avait amené la chute de plusieurs monastères, tandis

que d'autres passaient au pouvoir de clercs séculiers à l'exclusion des moines, Benoît alla trouver le très pieux empereur, l'émut par ses prières pour qu'il enlevât aux clercs de telles prétentions et mît les moines à l'abri de ce péril. Le très glorieux empereur donna son approbation ; il décréta que tous les monastères de son royaume, spécifiés d'avance auraient des abbés réguliers, et pour que cet ordre ne fût jamais transgressé, il le fit confirmer par un écrit qu'il signa de sa main, mettant fin de la sorte à la cupidité de beaucoup ainsi qu'à la crainte des moines.

Il y avait aussi des monastères qui étaient tenus de fournir des subsides et des soldats, par suite de quoi ils en étaient venus à une telle pauvreté, que les moines manquaient de nourriture et de vêtements. Ce que voyant, sur le conseil de l'homme de Dieu, le très pieux roi ordonna qu'ils serviraient selon leur pouvoir afin que rien ne manquât aux serviteurs de Dieu et qu'ils invoquassent la bonté de Dieu en faveur de l'empereur, de sa famille et de la prospérité de son État. Quant aux monastères qui furent laissés au pouvoir des chanoines, il assura à chacun de quoi vivre régulièrement et donna le reste à l'abbé.

Je ne crois pas devoir passer sous silence ce qui, avec la permission de Dieu, arriva un jour que Benoît, sur l'ordre de l'empereur, se rendit à un plaid général. Il allait, obéissant au roi, bien que souffrant et malgré des chaleurs excessives, mais fortifié par les armes de la charité, afin de se rendre utile à beaucoup. Mais l'ennemi qui par envie met toujours obstacle aux bonnes actions pour causer du dommage au salut des hommes pieux, s'efforça de retarder le voyage entrepris par l'artifice suivant. En troublant leurs gardiens, il fit s'égarer dans les bois les chevaux qui devait conduire Benoît.

Mais l'homme de Dieu, nullement troublé de la perte des chevaux, se hâte d'arriver au palais. Après avoir terminé les affaires relatives aux monastères et aux moines, dont les besoins étaient pour lui l'objet d'une grande, continuelle et pieuse sollicitude, il fut contraint par le roi d'accepter le nombre des chevaux (perdus). Mais voici qu'après un mois ces chevaux perdus sont ramenés, et, Dieu le voulut ainsi sans doute afin que la perte supportée sans plainte se changeât pour Benoît en double gain.

～～～～～～

XVI

Maladie de Benoît. — Sa mort.

APRÈS tout cela le Père fut assailli de diverses et nombreuses infirmités et il se mit à préparer pour de nouveaux combats son corps brisé déjà pendant de longues années par d'innombrables veilles, de continuelles larmes, de très rudes jeûnes, ainsi que par ses travaux et ses méditations, afin que, après avoir vaincu les vices et conquis la citadelle des vertus, combattant noblement contre les infirmités avec les armes de la patience, il pût recevoir de son Dieu, par la défaite de tous ses ennemis, la double palme de la victoire. Et plus la maladie l'agitait, plus il demeurait attentif dans ses prières ou ses lectures.

Personne ne le trouva oisif, personne ne le vit tout à fait inactif dans l'œuvre de Dieu, personne non plus ne le trouva occupé à des conversations vaines et frivoles. Ou bien il s'efforçait de lire, ou bien il écoutait attentivement un lecteur. Qui jamais le trouva seul autrement que baigné de larmes ?... Qui entrant à l'improviste auprès de lui a trouvé sèches ses joues ?... Et qui encore ne l'a vu soit prosterné à terre, soit debout, les mains levées au ciel, soit lisant les Livres Saints et pour ne pas en trop mouiller les pages recevant ses larmes dans les mains.

Les forces de sa chair faiblissaient, mais toujours demeurait ferme la volonté de son esprit plus dur que le diamant. Il pouvait à peine supporter jusqu'au bout les rigueurs qu'il s'infligeait. Il ne mangea pas de viande de quadrupèdes depuis le jour de sa profession religieuse, et c'est à peine si, à la fin de sa vie, il permit à son corps miné par la maladie l'usage des bains. Il avait coutume de ne changer de vêtements qu'après quarante jours et même plus.

Il faisait lire devant lui la vie et la mort des saints Pères, et réconforté par cette lecture, il supportait ses souffrances avec plus de courage. O bon Jésus, quels soupirs et quelles larmes lui arrachait le désir d'être séparé de son corps mortel et d'être avec le Christ ! Et si cependant il devait encore être nécessaire à ses frères, il ne refusait pas le travail.

Son état s'aggravant, après un entretien familier avec l'empereur, il fut ramené à son monastère, où après avoir fait ses adieux à ses frères, il passa la nuit à prier et à psalmodier et put réciter l'office régulier de ce même Dieu... Mais comme il avait terminé l'office régulier du jour suivant, et voulait continuer, il arriva à ce verset *Justus es Domine*, il le psalmodia et dit : « Je me meurs. » Puis il ajouta : *Fac cum servo tuo, Domine, secundum misericordiam tuam* (Ps. CXVIII), et ainsi, au milieu des paroles de la prière il rendit à Dieu son âme ornée de vertus.

Nous avons de lui une lettre qui nous est plus douce que toutes les richesses ; c'est celle que, la veille de son départ de ce monde, il dicta de sa propre bouche pour les frères d'Aniane et où il leur assure qu'ils ne verront plus son visage.

Plusieurs disent aussi qu'à l'heure où il passa au Christ, sa mort fut révélée à l'évêque Stable de Maguelone, qui se levant après son sommeil rapporta aussitôt aux siens ce qui était arrivé. Nous avons brièvement raconté sa mort parce que les frères qui en furent témoins l'ont expliquée plus au long, comme le montre la lettre suivante.

XVII

Lettre des moines du monastère d'Inda
à Ardon sur la mort de Benoît.

L'ABBÉ Benoît, sorti de la province de Gothie, servit sous Pépin, roi des Francs et après sa mort, sous Charles, son fils, depuis son enfance jusqu'à son adolescence. Ensuite, abandonnant le palais, dans le monastère de Saint-Seine, en la province des Burgondes, il prit l'habit d'un vrai moine, et là pendant deux ans et une demi-année il servit Dieu sans relâche.

Mais comme il ne trouva pas la vie de ce monastère assez régulière, il le quitta pour la Gothie, où sur le fleuve *(sic)* Aniane il se bâtit d'abord de ses propres mains une cellule ; mais dans la suite, avec les frères qui pour l'amour du Christ vinrent se placer sous sa conduite, il y construisit un nouveau monastère, dans lequel, en peu de temps, il eut trois cents moines sous sa direction.

A la mort de l'empereur, son fils Louis en prenant le gouvernement fit venir en France le vénérable homme Benoît avec quelques-uns de ses disciples et leur donna d'abord le monastère de Maur, au pays d'Alsace. Mais ensuite, par amour pour lui, auprès du palais d'Aix, sur la rivière appelée Inda, il lui éleva un nouveau monastère.

Tel est Benoît par le moyen duquel le Seigneur Christ restaura la règle de saint Benoît dans tout le royaume des Francs. Il eut sous sa direction douze monastères, à savoir : Aniane, Gellone, Casdeneuve, Ile-Barbare, Ménat, Saint-Savin, Saint-Maximin, Moissac, Crémariac, Celle-Neuve, au pays Toulousain, celui de Maur en Elizaz et enfin Inda, construit par l'empereur pour lui et ses disciples et doté sur les fiscs royaux. Dans tous ces monastères, il envoya des moines et des abbés. Il prit un grand soin de tout l'ordre ecclésiastique, à savoir des moines, des chanoines et des laïques, mais principalement des moines.

L'empereur écouta toujours ses conseils et les mit en pratique, aussi plusieurs le surnommaient-ils *le Moine*, parce que son amour pour Benoît lui faisait toujours appeler ses propres enfants les disciples de l'homme de Dieu et qu'après la mort de celui-ci il se regarda encore ouvertement comme l'abbé de son monastère. Le Saint, jusqu'à sa mort, pour l'utilité des fidèles et non pour les biens terrestres se rendait assidûment au palais royal peu éloigné du monastère où il vivait.

Le quatrième jour avant sa mort, encore sain, il avait entretenu l'empereur comme de coutume et ce jour-là même il fut saisi de la fièvre et se rendit à son appartement. Le lendemain, à la nouvelle de sa maladie, tous les grands de la cour vinrent le visiter, il y eut une telle affluence d'évêques, d'abbés, de moines, que nous qui étions là pour le garder, avions grand'peine à nous approcher de lui.

L'abbé Helisacar fut le premier à se rendre auprès de lui et demeura à ses côtés jusqu'à la fin. Il tomba malade à la cinquième férie ; à la sixième, pendant la nuit, l'empereur envoya Tanculfe, le camérier, pour nous dire de le transporter à son monastère. Nous le levâmes, avant le chant du coq et avec Elysacar, ses gens et les nôtres, nous le transportâmes au monastère.

A la troisième heure du jour, il fit sortir tout le monde et demeura seul jusqu'à la sixième. Alors entrèrent l'abbé déjà nommé et celui qui était préposé à notre direction ; ils lui demandèrent comment il se trouvait. Il leur répondit qu'il n'avait jamais aussi bien été et ajouta : « Jusqu'à présent j'étais avec le chœur des saints en présence de Dieu. »

Le lendemain faisant venir les frères, il leur fit ses recommandations d'adieu et il avoua alors qu'il y avait quarante-huit ans qu'il était moine, pendant lesquels il ne s'était point passé de jours où avant de manger son pain il n'eût répandu devant Dieu d'abondantes larmes. En ce même jour, il fit envoyer à l'empereur une lettre d'avertissement et d'autres à divers monastères. Et ce vénérable homme, ainsi qu'après sa mort nous l'avons trouvé dans ses écrits et qu'il avait dit lui-même pendant sa vie à plusieurs, avait cessé de chanter personnellement son office en entier depuis cinq ans et deux mois avant sa mort.

Il mourut septuagénaire, le troisième jour des ides de février, l'an de l'incarnation du Seigneur huit cent vingt et un, indiction quatorze, nombre un, épacte quatorze, la neuvième année du règne du très pieux empereur Louis. Après le troisième jour, nous ouvrîmes son tombeau et nous le mîmes dans un sarcophage en pierre que l'empereur avait fait préparer. En découvrant son visage, nous vîmes alors sur son front, autour des yeux et des lèvres, une rougeur telle qu'il n'en avait point durant sa vie.

En témoignage des faits qui se sont ainsi produits, nous, vos serviteurs du monastère d'Inda à savoir : Dieudonné, Levigild, Bertrade et Désiré, à toi Ardon, notre maître, te disons salut en le Seigneur et demandons de ta charité que suivant la science que Dieu t'a donnée tu composes un écrit sur la vie de notre Père Benoît et nous en fasse part. Tous nos frères d'Inda vous saluent, et vous, en notre nom, saluez tous nos frères d'Aniane. Amen.

Epître de saint Benoît, envoyée du monastère d'Inda à George, abbé d'Aniane. — 10 février 821.

Dans la très grande béatitude et félicité du Seigneur Christ, à George, abbé du monastère d'Aniane, et à tous nos fils et frères vivant avec fidélité et vigilance sous la règle de notre Père saint Benoît, le dernier de tous les abbés, Benoît, déjà à toute extrémité, envoie le salut.

Par-dessus tout ce qui peut enflammer mon âme, et avant tous les désirs que je puis avoir, ce qui me tient

le plus à cœur c'est le souci que j'ai de votre avancement dans la pratique de la vie régulière. Au reste,
je n'ignore pas quels sont à cet égard les nobles efforts
que vous faites, comment vous restez fidèlement
attachés à notre souvenir et que vous n'avez nullement
besoin qu'on vous exhorte. Cependant, arrivé au
terme de ma vie, ignorant s'il me sera jamais plus
permis de vous voir, j'ai voulu me donner cette consolation de m'entretenir quelques instants avec vous tant
par lettre que par les paroles que vous transmettront
de fidèles messagers.

Vous savez vous-mêmes comment, autant qu'il fut
en mon pouvoir, chaque fois que je l'ai pu, j'ai été
soucieux de vous donner le bon exemple par mes
actions et mes paroles. Maintenant donc, mes fils, je
vous prie et je vous conjure, au nom de Notre-Sei-
gneur, de demeurer toujours unis par les liens de la
charité. Qu'aucun de ceux que j'ai amenés ici avec
moi, ou que j'ai envoyés ailleurs pour servir de
modèles ou pour une autre raison, ne soit regardé par
vous comme étranger. Que si quelqu'un d'entre eux
voulait à nouveau revenir vers vous et demeurer auprès
de vous selon la règle, pieusement et avec bienveillance, recevez-le comme il convient. Grâce à Dieu, en
effet, les ressources matérielles ne vous feront point
défaut.

A tous en général, mais plus particulièrement à ceux
qui nous sont liés d'amitié, portez toujours une affection très prévenante, et comme il vous sera possible,
aux autres monastères plus pauvres donnez sur votre
superflu ce qui leur est nécessaire. A l'abbé Modaire,
du monastère de Saint-Thibery, accordez notamment
tous les secours dont il aura besoin ; en un mot, pour
ceci comme pour tout le reste, faites après ma mort de
la même manière et plus même que pendant ma vie.

Ayant pu jusqu'ici, par la grâce de Dieu, amener à
correction certains monastères déjà viciés, faites tout
ce qui dépendra de vous pour qu'aucun d'eux (ce

que je vous prie de ne pas permettre, ô Dieu miséricordieux) dans la voie funeste... ne puisse jamais s'engager.

Aux religieux du monastère d'Inda, soyez toujours unis comme à des frères. Elisacar surtout qui par-dessus tous ici-bas fut toujours notre plus fidèle ami parmi les chanoines, vous sera toujours cher ainsi que ses frères, ayez dans le besoin toujours recours à lui.

Si je vous tiens maintenant un pareil langage, c'est que j'ignore si je vous reverrai en ce monde, car déjà au septième jour des ides de février je fus atteint d'une très grave maladie que le Christ dans sa miséricorde m'a envoyée... et je n'attends plus maintenant que le jour prochain qui sera mon dernier et celui de mon rappel à Dieu.

L'abbé Benoît ordonna, tandis qu'il vivait, le quatrième jour des ides de février, d'écrire ce qui précède et il mourut le treizième jour des ides du même mois. Fin de la lettre.

Lettre de saint Benoît à Nébridius, archevêque.

> Ut valeat novvos, divino semine jacto,
> Ore poli madidos doctorum vomere cultus
> Ordis opimus ager centenos reddere fructus.

Au vénérable Père dans le Christ, Nébridius, archevêque, Benoît, abbé le dernier de tous les abbés, souhaite dans le Seigneur le salut de sempiternelle félicité.

Je viens, homme de Dieu, faire appel à votre charité, à votre affection, à votre bienveillance pour moi. Veuillez prier sans cesse Dieu pour moi, tant que vous pourrez, soit par des psaumes, soit par des messes, faites prier de même vos familiers, vos amis, les religieux de tous les monastères où vous pourrez transmettre ma demande, car en ce moment ces secours me sont très nécessaires. Sachez, Père très cher, que je lutte déjà pour la dernière fois, je cours vers ma fin, mon âme est presque séparée de mon corps, et des yeux de ce corps je ne vous reverrai plus en ce monde.

Que celui qui a le pouvoir de rendre pur ce qui était impur, de faire d'un pécheur un saint, d'un impie un juste, nous fasse également jouir de son royaume éternel et y chanter avec tous les saints un cantique nouveau. Je vous supplie, très cher Père, puisque vous avez toujours porté beaucoup d'intérêt aux frères qui vivent au monastère d'Aniane, de les avoir de plus en plus dans votre sainte dilection, jusqu'à ce que votre âme sainte se soit envolée de votre corps.

Je vous recommande tous mes amis, familiers et proches qui habitent dans ces contrées. Dans votre monastère aussi, comme je le crois, vous avez fait tout votre possible, soyez soucieux de la persévérance des religieux et répétez souvent cette sentence, que tant pour les riches que pour les pauvres, le Seigneur par l'intermédiaire de son apôtre, Paul, a daigné énoncer : *Argue, obsecra, increpa.* En toutes choses, que votre sainteté, comme je le crois, sache à qui elle doit appliquer l'une ou l'autre de ces trois actions.

Je parle ainsi, ô Père, pour qu'il ne reste pour vous aucun danger qui puisse vous faire damner à jamais, mais pour que vous puissiez justement dire avec le psalmiste : *Justiciam tuam non abscondi in corde meo, veritatem tuam et salutare tuum dixi.* En toutes choses agissez avec charité et discrétion et que la Trinité sainte vous garde et vous accorde la récompense éternelle. Amen !

1685-09. — Imprimerie des Orphelins-Apprentis, F. BLÉTIT, 40, rue La Fontaine, Paris-Auteuil,